我的老师贾松阳

孔维阳 著

中央文献出版社

图书在版编目（CIP）数据

我的老师贾松阳 / 孔维阳著。-- 北京：中央文献出版社，2014.10
ISBN 978-7-5073-4151-5
Ⅰ. ①我…
Ⅱ. ①孔…
Ⅲ. ①贾松阳 - 生平事迹
Ⅳ. ① K825.72
中国版本图书馆 CIP 数据核字（2014）第 225107 号

我的老师贾松阳

作　　者 / 孔维阳
责任编辑 / 吕奇伟
整体策划 / 周冬梅
版式设计 / 李　莹
封面设计 / 张　菁
　　　　　　高　倩

出版发行 / 中央文献出版社
地址 / 北京西四北大街前毛家湾 1 号
网址 /www.zywxpress.com
邮编 /100017
经销 / 新华书店
印刷 / 北京富达印务有限公司

178×245mm 32 开 6.5 印张 100 千字
2014 年 12 月第 1 版 2014 年 12 月第 1 次印刷

ISBN 978-7-5073-4151-5 定价：78.00 元

恩师无言催我进　愚生傲骨追千年

孔维阳与老师贾松阳合影

思想文化是一个国家、一个民族的灵魂。无论哪一个国家、哪一个民族，如果不珍惜自己的思想文化，丢掉了思想文化这个灵魂，这个国家、这个民族是立不起来的。

中国优秀传统文化的丰富哲学思想、人文精神、教化思想、道德理念等，可以为人们认识和改造世界提供有益启迪，可以为治国理政提供有益启示，也可以为道德建设提供有益启发。对传统文化中适合于调理社会关系和鼓励人们向上向善的内容，我们要结合时代条件加以继承和发扬，赋予其新的涵义。

——习近平

作者背景

孔氏家族自孔子以来，已有二千五百六十多年。这个由同一始祖孔子繁衍下来的庞大家族，在每一个世纪、每一个王朝，都实实在在地享有特殊的荣誉与封位。而具有绝对权位的历代皇族，在更迭中时如骄阳、时如粪土，惟有孔氏家族历代不衰。

所谓："家法古礼也，三代以降存者鲜矣，惟我孔氏受封爵之奉祀事，历代相传，积然不紊。"二千五百六十多年的昌盛，二千五百六十多年的同姓族人，世世代代都恪守着："立行辈所以分尊卑，定表字所以别长幼"的族谱，连绵不绝地延续血脉，阐释着祖上的思想与操行，这真可谓人类历史上空前绝后的家族。为"分真伪、辩远近"，自第56代衍圣公孔希学先生始，天下孔姓分为20派60大户，其中以被列为第一派第一户的大宗户为嫡系后裔。

中国毛体书法家协会副会长兼秘书长孔维阳即是这个庞大家族中落在家谱大宗户上的第七十八代裔孙。按辈分行字算，"维"之前是"德"，之后是"垂"。孔维阳生于山东省汶上县（汶上县在春秋时称为"中都国"。鲁定公九年，孔子曾在此地做中都宰），祖上是六十三代衍圣公孔贞干之弟孔贞宁第六子孔尚陛。

作者简介

孔维阳，字耀宇，号柏东，别号儒雅斋主人、素东，山东汶上县人，孔子第七十八代裔孙。北京师范大学艺术与传媒学院书法系第四届书法专业研究生。现任中国毛体书法家协会副会长兼秘书长、《人民书法》杂志主编、《中都书画报》执行主编、中国书法之乡汶上县书法家协会副主席兼驻京办事处主任。曾任《中国企业报》记者、《中国标准化》杂志编辑、《中国交通报·物流快讯》周刊主编。

自幼受其父影响，酷爱书法艺术，善狂草。追怀素，好润之。拜中国著名书法大师松阳先生为师习狂草；拜书法家曹儒劝先生、魏中典先生为师习楷；专业随从北京师范大学艺术与传媒学院书法系倪文东教授、邓宝剑副教授、李洪智副教授、虞晓勇副教授系统学习书法理论知识。喜书名篇长卷，临池之余，以填词赋诗为好，以悦其性情也。部分散文和诗词分别被收入“21世纪今选文丛”，第一辑《散文今选》和第五辑《歌词今选》；曾著有《捕鸟集》、《震憾集》、《孤独集》、《毛泽东书法创作历程》。

主要作品成就及社会活动：

2003年3月“首届北京广告人艺术作品大赛”，荣获入围奖。

2006年6月为纪念长征胜利70周年和“革命老区慈善万里行”大型公益活动与老师和师兄弟创作捐献70米书画长卷。

2006年12月“为纪念毛泽东逝世30周年”创作长卷书法作品荣获三等奖。

2007年6月被“江苏省书谱文化研究会”聘为常务理事。

2007年6月在“纪念孙过庭诞辰1359周年全国书法大展”中荣获“书谱文化研究卓越贡献奖”。

2007年8月作品被选刻在2008米的奥运庆祝纪念碑上；并被选入“2007-2008年度中华人物”。

2007年9月在“纪念草圣怀素诞辰1270周年全国书法大展”中荣获“金奖”，作品被编入《中国当代实力派书画家代表作典库》，并授予“中国当代书坛画苑中坚人物”光荣称号。

2007年10月在“纪念毛泽东词‘蝶恋花·答李淑一’”发表50周年全国书画大赛中荣获“金奖”，作品被编入《中国当代最具影响力书画家珍品集》，并授予“中国当代最具影响力书画家”光荣称号。

2008年5月21日为救助灾区与老师和师兄弟10人捐赠艺术作品100米。

2008年6月26日为北京禁毒教育基地举办的“依法禁毒构建和谐”活动捐赠艺术作品。

2008年9月1日被中华人民共和国文化部“中国诗酒文化协会诗书画院”聘请为常务理事。

2009年4月，成功注册“中国毛体书法家协会”，并担任协会法定代表人。

2009年6月20日组织并主持中国毛体书法家协会第一届第一次代表大会的召开。

2009年9月9日组织“永远的怀念暨纪念毛主席逝世三十三周年毛体书法精品展”。

2010年1月10日组织“毛体书法中国行——走进四川”活动。

2010年4月7日主持中铁建工集团“诺德杯”毛体书法中国民族文化书画展中国行活动启动仪式新闻发布会。

2010年5月13日中国毛体书法家协会组建代表团，任副团长带队参加上海世博会文化艺术展。

2010年8月7日组织“中国毛体书法家协会第一届第二次理事会”召开。

2010年8月19日组织“‘抗洪救灾 情系舟曲’中国毛体书法家协会向舟曲同胞献爱心名家书画捐赠公益活动”举办。

2010年9月9日组织“中国毛体书法家协会纪念毛泽东主席逝世三十四周年座谈会”召开。

2010年9月26日主持“中国松阳国际书画艺术家协会成立大会”召开。

2010年9月30日提出“弘扬毛体书法 从娃娃抓起”理念并组织走进北京丰台第五小学校园捐赠书籍、字画并参加“红旗下的誓言主题大队会”活动。

2010年12月23日组织策划了“纪念毛泽东诞辰117周年‘廊坊杯’全国书画展大奖赛活动”。

2011年5月27日组织策划“弘扬毛体书法 从娃娃抓起”走进山东鄄城箕山中学捐献书籍、字画公益活动。

2011年6月18日组织策划“纪念中国共产党建党90周年景学勤将军书法作品展览”。

2011年6月30日组织策划“中国毛体书法家协会书画家走

进中国武警雪豹突击队慰问”。

2011年9月6日组织策划“纪念毛泽东同志逝世35周年中国毛体书法家协会廊坊红色书画创作培训基地揭牌暨全国毛体书画名家作品联展”。

2011年11月11日组织策划“北京电视台与中国毛体书法家协会共同在房山京蓼学校建立‘温暖教室’”。

2012年1月15日编著的大型文献书籍——《毛泽东书法创作历程》由中央文献出版社正式出版，组织策划中国毛体书法家协会2012年春节团拜会。

2012年6月9日组织策划“中国毛体书法家协会纪念毛泽东同志《在延安文艺座谈会上的讲话》发表70周年作品展暨第一届第三次理事会”。

2012年9月8日组织策划“高铁杯”全国书画展暨中国毛体书法家协会上海红色书画创作基地揭牌。

2012年12月8日组织策划“中国毛体书法家协会、邯郸市老区建设促进会纪念毛泽东同志诞辰119周年邯郸书画展”。

2012年12月18日组织“庆祝党的十八大胜利召开纪念毛泽东同志诞辰119周年毛泽东和开国元勋书法艺术馆签约、毛体书法家作品展示馆揭牌暨书画展在廊坊中科廊坊科技谷开幕仪式”。

2013年6月7日组织策划中国毛体书法家协会成立四周年暨第二届第一次理事会。

2013年6月14日—18日组织策划中国毛体书法家协会走进中国酒泉卫星发射中心举行——“大漠情 西部军旅”书法联谊活动。

2013年9月26日组织策划“庆祝中华人民共和国成立64周年暨毛泽东同志诞辰120周年毛体书法澳门展暨澳门红色书

画创作基地揭牌”活动。

2013年12月18日组织策划“纪念毛泽东诞辰120周年毛泽东塑像揭幕仪式暨中国毛体书法家协会汝阳红色书画创作基地揭牌仪式”活动。

2013年12月26日组织策划“中国毛体书法家协会西安红色书画创作基地揭牌仪式暨毛体书法展”活动。

2014年1月18日组织策划“中国毛体书法家协会党支部成立大会暨新春茶话会”活动。

2014年5月18日组织策划“中国毛体书法家协会杭州红色书画创作基地揭牌仪式”活动。

2014年6月18日组织策划“中国毛体书法家协会成立五周年暨青岛红色书画创作基地揭牌仪式”活动。

2014年6月26日组织策划“中国毛体书法家协会潍坊红色书画创作基地揭牌仪式”活动。

2014年6月27日组织策划“中国毛体书法家协会青州红色书画创作基地揭牌仪式”活动。

2014年9月16日组织策划“中国毛体书法家协会新疆红色书画创作基地揭牌仪式”活动。

2014年11月18日组织策划“中国毛体书法家协会湖北红色书画创作基地揭牌仪式”活动。

2014年12月26日组织策划美国“毛体书法北美展暨北美文化交流中心揭牌仪式”活动。

前　言

人生，是一个抽象而又具体的名词，每个人终其一生，尽量想让自己的人生过的完美，不管我们从事的什么职业，但很多时候，我们对于究竟什么是完美不得而知，这就需要前人给指点和教化。自文字产生以来，先人圣贤们给我们留下了很多关于做人的经典著作，无论是儒家的《论语》，道家的《老子》，还是佛学典籍，书画藏品，都沉淀着中华民族文化的智慧，都展示着中华民族不屈不挠的精神。

时代的进步和社会构造的改变，当代人需要对传统价值观和人生价值观进行重新梳理和定位，既要保留传统文化中的精华，又要符合现代社会的进步，把握这一条准则是当代人的一个难题。

近几年，现代人对传统书画艺术非常重视，俗语说：“字如其人”。可想而知，写好字也是人生哲学的一课，当然，这并非是千篇一律的特定法则。但是我们能够吸取前人在书画艺术上成功的经验，减少自己学习书画艺术之路上的弯路是每个人都需要的。在这方面书法大师贾松阳先生用自己的几十年对书法的探索为我们留下了宝贵的遗产，他在书法艺术的探索中，所践行的做人哲学更是能够让我们从中领悟到更多的人生哲理和人生经验。

贾老今年八十岁，几十年如一日致力于书法艺术的研究和创作，他创作的“意念书法”和“巨笔书法”为世人所敬仰。贾老赞同儒家的“仁爱”，欣赏道家的“自然”，钟情墨家的“兼爱”。得意庄家的“豪迈”，面对纷繁复杂的人生，他始终保持一种平静与淡泊，追求佛家的随性随缘之人生。

如陶渊明的诗所写的那样：“纵浪大化中，不喜亦不惧。应尽便须尽，无复独多虑。”在贾老看来，对于人生最合理的态度是顺其自然，即范仲淹所说的“不以物喜，不以己悲”的人生态度。

曹操曾发出：“对酒当歌，人生几何。譬如朝露，去日苦多。”的感叹，真是如此，岁月常常在这种慨叹之中不经意的溜走了，当一点一滴地走过人生之路，回头去回味的时候，才发现人生短的并没有很多时间可以供我们感慨和叹息。贾老的几十年奋斗告诉我们，需要把握的永远是今天，因为人生不可复制，更不会重来，与其感慨，不如顺从自然，泰然处之。

活着的人，谁也无法控制生命的长度，却能够撑握自己生命的宽度。贾老历尽世间沧桑，对人生有诸多的感慨。他在风雨无常，命运多舛的生活里，他锤炼出了豁达豪迈的性格，总结出了一系列的处世经验，让后人得以在他的书法艺术里聆听到智慧的声音。贾老的“字”正如贾老“其人”，不管是“意念”还是“巨笔”书法艺术中，都蕴含着丰富的人生哲理，透出一种超脱世俗的生命真谛。

贾老认为，人在于世，无论世事如何变迁，都应坚持自己的处世原则，人应该具备仁爱、善良、谦虚等多种品格，只有这样才能更好地为理想奋斗，才能更好地实现自我价值和社会价值。贾老的朴实无华和真性情展示着这位书法界泰斗的平凡，也正是如此，才彰显出贾老光辉的人格魅力。

我们无法详尽而彻底地参悟贾老书法艺术的全部思想，但是却可以透过他创作作品中的点点滴滴品悟先生对世间万物及为人处世的哲学观，体会先生洞察世事的睿智和博大深沉的情怀。在对书法艺术的创作方面，贾老勤奋、求实，勇于思考和创新，他学遍古代大家，博采众长，即使取得了让世人难以企及的成就也依然谦虚谨慎，始终以“绘事书法须继承，岂期谋利与沽名”为座右铭；在做人方面，他崇尚“真性情”，主张真实的展示自我，真诚的对待他人；在处事世面，他告诫自己“事事洞明皆学问，人情练达即文章”，认为一个充实的人生，应该事事可遇，事事得解，学会接受生活的一切，经历才是人生中的财富。

德国著名诗人歌德说过：“你若喜爱自己的价值，你就得给世界创造价值。”著名科学家爱因斯坦也说过：“一个人的价值，应该看他贡献什么，而不是应该看他取得什么”，“一个人对社会的价值首先取决于他的感情、思想和行动对增进人类利益有多大作用。”

每个人的人生价值都具有独特的光芒，生活中的每个人，每件事都值得我们去用心体悟，当我们不知所措时，我们可以从贾老的书法艺术中去捕捉人生的哲学之光；痛苦之时，可以从先生的生活经历中寻找解脱之道。让我们一起跟贾老感受这个万变的世界，找出一条属于自己的道路，创造自己的人生价值。

孔维阳

二〇一四年五月于北京

目 录 CONTENTS

第一章

书缘一线牵　华诞拜师面

第一章　书缘一线牵　华诞拜师面

燕京万里凉秋，云随风去天无际。长城远目，思愁故恨，宏图幽州。落霞楼头，断雁声里，莘莘学子。把毛公看了，玉龙摸遍，友人会、去临意。

休说少年无知，英雄梦，谁与同归？求学问识，绪怕还羞，王勃才气。悲惜杰命，风华正茂，今忧何及？恋倩人，只熏得红颜色，韶华东逝！

1998年9月9日，我从孔子为官之地山东汶上县（古称中都邑）走进了中国的首都北京，开始了我求学问识之路，这首《水龙吟·登天安门》是初到京城所感而填。一腔热血，立志要做一番事业，一边学习，一边寻找书法的良师益友。

铭记父亲“习书要勤”的教诲，入京学习虽繁重，但从未放弃书法之练习。在家习贴，屈指可数，京城之地，匾额林立，名家皆是，顿不知如何动笔写字。真是痛苦不堪！这种痛是不能用语言形容的，因为这是艺术追求者之痛，是书法痴迷者之痛。

迷茫之时，我的同乡尚余柱先生，带我拜见了素有“房山一支笔”之称的曹儒劝先生，也就是我学书之路上的第二位书法老师。曹先生书楷，精气神俱佳。观其字如其人，其人铁骨铮铮。拜见时已七十有零，身体硬朗，讲话铿锵有力。直至今日，先生书楷均以站姿悬腕式，虽已逾八十，却手稳如山，令观书者感叹不已。

我随曹先生习楷年余，在1999年9月的一天，先生突然对我说：“维阳，你跟我学书已有年半，为师乃半路练字，只书真字。你性悟草法之理，为师学书，只重养生，书中之道却悟得甚浅，

● 1999 年北京昌平菩萨鹿“松阳巨笔院”

不能向你传授草法真谛。你正值年少，应得名师点拨，在我这怕是误得好年华，我与当今草书名家贾松阳先生是故友，已向他推荐，你去拜他为师习草法，祝你成才！”

曹先生最后几字说得很淡，特别是祝我“成才”而不是“成功”。可见先生之心，真乃淡泊名利也。此时我能体会先生的祝福蕴含了他对书法艺术的独特见解。就这样，我的学书之路开启了新的篇章。

曹先生说，贾松阳先生隐于山野之中，是位得天地灵气的书法大师。

1999 年 10 月 1 日是中华人民共和国成立五十周年纪念日，曹先生和我及几位书法家准备了作品，等待着贾松阳先生举办的“庆祝中华人民共和国五十周年书画展”开幕。

一颗期待的心，一颗求索的心，在遐想贾松阳这位书坛奇人是何等的奇？这位书坛怪才是如何的怪？

1999年9月30日那天，我带着曹先生的祝福，乘车从积水潭出发驶向了昌平的大山里去寻找，也许是寻找一份久违了的宁静，或者是一份生命中的厚礼……

因为有了那一次的寻找，直至今天，我都觉得贾松阳先生的存在，对我是一个永久的神奇，在我的脑海里，也在我的生活里。那时，我的心是狂野的小鸟，却在贾老师的书法里找到了天空。

从昌平换车驱向了大山深处，一路上全是山间小道，行人稀少，绿山碧水，让焦虑的心得到几分宁静。车子在动，山和树走向了车后，不时传来几声鸟鸣，抬眼望车窗外正寻那鸣叫的小鸟，却惊得出秋蝉的长鸣。此时正想起，虞世南“居高声自远，非是籍秋风”的诗句来。

北京的秋天是最美丽的，虽不是深秋，但进了山中不知不觉有些凉意。

公交车停在了站台旁，下车询问当地的老乡，如何去更深处的菩萨鹿村。一位女司机告诉我：一是步行上山，二是租她的的士上去。因我带着装裱的书画，只好租车前行。一路蜿蜒盘旋而上，半个小时便到了山上的菩萨鹿村。

村中央有一颗千年老槐树，虽枝干沧桑，但顶上绿叶繁茂。那巨大的躯体，我搂抱了七次才绕它一圈。传说是观音菩萨曾经来此地所种，我们不必去考究传说的真伪，但可以判定，这是块风水宝地。

走过这颗千年老树，走上“Z”字形坡，映入眼帘的是几间的平房，左边是二扇巨大的红色漆门，门上镶嵌黑底金字“松阳巨笔院”大理石匾，此匾落款为王珺。进门是一大院落，东西南三面为碑廊，正北房门额悬挂黑底金字匾“大佛堂”落款为松阳，“大佛堂”门前左右各立一通二米高的“二龙戏珠”碑，左碑正面书“高风”二字，字为行草，遒劲有力，飘逸洒脱，观其字便

● 孔维阳与师母王存巧在大佛堂前合影

知贾松阳先生那奇特之性；碑阴为贾松阳先生弟子柏月撰文，全文均用小楷书写，工整秀美，神韵俱佳，真乃名师出高徒矣。右碑正面书“无愧”二字，行草间突显书者豁达人生。走进大佛堂正厅，塑有一尊高3米多的弥勒佛站立金身像，弥勒佛肩扛大毛笔，手提如意葫芦，脚踏菩提树桩，袒胸露肚，笑颜可掬，好一尊大乐佛。

此时，我心一怔，难道贾松阳先生是自诩弥勒佛？再看那肩扛的大毛笔，一般的人如何提起呀！我立在这尊佛前，感慨了几句：

悟入大佛堂，
心得小思量。
墨缘菩萨鹿，
书道显松阳。

“是曹老师介绍的小孔吗？”

身后突然一个低沉有力的声音在问，我猛地回头一看。此人中等身材，齐耳短发，小眼炯炯有神，鼻上架着一副黑边近视镜，非同一般。上着蓝色短袖，下穿黑色西裤，唯独那副大肚，格外让人感到意外，像似将要爆炸的气球。

“正是，您就是贾松阳大师吧？”我兴奋答道。

“欢迎！欢迎你来参加祖国五十华诞书画展览，请到后堂喝茶。”话音刚落，先生走路如风，已到后堂之门，我随其后。

到了后堂，我把带来的字画交与贾老师，正当我整理字画之际，从里屋走出一位身穿白色短袖，下着麻布白裤，温文尔雅，戴金丝边框深色镜，大约60岁左右的女士，身边有一位年轻女士搀扶着。

“松阳，这位客人是从城里来的吗？”

“是的，是曹老介绍过来的小孔，曹老组织的书展字画让他送过来的。”松阳老师回答道。

“小孔，我介绍一下，这位是我的夫人王存巧。”我立刻向前与王老师行礼。

● 孔维阳与贾松阳老师在无愧碑前合影

“王老师好，我叫孔维阳，是曹儒劝老师的学生。”我回答道。

王老师风趣的说：“贾老师叫松阳，你叫维阳，我看你们二人真是有名缘！”

贾老师接过来说：“我是松阳，他是维阳，小孔是来维护松阳来的。”

二位老师此时会心一笑，时间过得真快，一转眼快到晌午了。

“走，维阳，我带你参观一下我的书院，王老师你等会再叫我们吃饭。”说着贾老师已经向院子里走去。他两手叉着腰，肚子更加显眼，头歪向西面的大山。

对我讲：“菩萨鹿村位于昌平区西北部，位于太行山脉和燕山山脉交汇处，距市区约50公里。四面环山，植被茂密。山秀幽谷，佛光灵气，此山主要叫菩萨山，峰峦迭峰，古木参天，奇花异草遍野，果木珍品满山，环境清幽静谧，泉水清澈甘醇，素有‘京都西北第一沟’美誉。这个村已有一千多年的历史，面积4平方公里，全村有40余户，近200余人口，姓氏以陈、范为主。据考证，

● 孔维阳在大佛像前留影

辽宋时期村所属半山腰建有菩萨院等文物古迹。”

听贾老师一讲，我对这个风景秀丽的小山村有了一个清晰的概念，也明白了贾老师来此地建书院的意义。

“贾老师，这个小山村为什么叫菩萨鹿村呢？难道它与菩萨或鹿有关系吗？”我猜测的问道。

“你猜的不错，这个菩萨鹿村确实有一段神奇的传说。”贾老师边说边走出院子，我们俩来到一高坡的大树下。

贾老师深情的讲到：“很久以前，在这里的山坳中住着一只梅花鹿，它所居住的山洞顶上，生长着一棵灵芝草。在山下的沟谷里，还有一潭清清的泉水，供这只鹿饮用。多少年过去了，这里一直是风调雨顺，家家户户五谷丰登，六畜兴旺。人们称这只鹿为仙鹿。

有一天，村里有一家人办喜事，宾客满席，热闹非常。日将西沉的时候，忽然间来了一位白发苍苍的老翁，虽然眉毛胡子全都白了，但却筋骨强健，满面红光。他自称是远道而来的贺喜者。好客的主人就热情接待了他，找来了众多陪客，把他让到了首席。这老者纵谈古今，无所不及，得到在座人的称赞。喜酒千杯开怀畅饮，这老翁昏昏然有些醉意，便起身告辞了。

到了夜幕降临，酒席将散的时候，进来一个猎人，只见他身上背了一只梅花鹿，说是拿这只鹿作为贺喜的礼物。主人听了很高兴。为了表示主人的诚意，当场把这只鹿开膛破肚。奇怪的是这只鹿肚子里装的全是席间的饭菜，同时还散发着浓郁的酒味。人们都迷惑不解，面面相觑。猎人将在路上如何撞上这只鹿，又如何张弓搭箭射死这只鹿述说了一遍。众人醒悟过来，原来刚刚来的老翁是那灵芝草下山洞里的那只仙鹿变成的，醉酒之后显了原形。

仙鹿造福于这里的乡民，猎人却伤害了它。自打伤害了这只仙鹿，山顶上的灵芝不见了，清清的泉水干涸了，灾害降给了这里的老老少少。为了拯救百姓，大家都同意给它修座菩萨庙，让它早日升入天堂。于是破土动工，不几日就建造了一座菩萨庙，里面还铸上了梅花鹿的铜像。附近的村民每逢佳节，都到庙里焚香祷告，盼望有一个吉祥如意的未来。从此，菩萨鹿的村名便延续至今。”

一个美丽感人的神话故事，代表一个小山村名字的来历！勤劳善良的人民在生活的这片土地上追求着真、善、美，追求着人与动物及大自然的生态和谐，这是我要思考的，这也是现实中整个人类社会需要思考的。

贾老师讲完了这则故事，站在山坡的大树下凝视前方的连绵山脉，自语道：“人生的价值在于创造和奉献，而不是一味地索取。在这个社会上并非所有人都需要别人的才华，但所有的人都需要诚实。”

我听得贾老师讲话的用意，无言以答，不知是因为刚见面的缘故，还是心情的低落。我记得有个诗人说过：“你欺骗真情一分钟，真情欺骗你一生；山也高，水也深，山高路远有知音……”我想老师的心境是这个意思吧。

一阵凉风吹来，树叶莎莎作响，树下的我们沉默许久。

“贾老师，我想请教您个问题。”

“你说吧。”

“在您的心目中书法是什么？”我问道。

老师答道：“‘绘事法书须继承，岂期谋利与沽名’。这是我的座右铭。我的老师萧劳先生经常给我讲：‘书法是国事，不是个人的小事’。今天你问到这，我也讲与你。中国人在某种程度上是没有个性的，应该像大海边的礁石，已经被海水冲刷的没有了棱角。特别是中国的古代，文人们更是悲烈，有一部分有棱角的文人，当时都不得志，被社会排挤，他们便沉情于酒、诗文和书法之中，在诗文与书法里寻找自我。像诗仙李白有‘会须一饮三百杯’的豪迈，更有‘五花马，千金裘，呼儿将出换美酒的’魄力！这是寻找自我的一种途径。而怀素和尚抱着‘狂来轻世界，醉里得真如’的理念把书法演进到了极致，还有很多的书法家无不是把追求自我的性格放在第一位。所以说，在我的心中书法是真性情、真自然。”

贾老师讲的道理很深奥，但经过他一举例，我便开始有些顿悟了！此时，对书法的现象，也许我走出了沼泽，然而我没有走出误区，在时间的怀抱里我漫游学习吧。

虽然我们在树荫下，时有山风徐来，但“秋老虎”的属性没有改变，后背的衣服被汗水浸透。

一看表 12 点多了，便向贾老师再问道：“贾老师，您找如此美丽的地方只是作为您的书院建设吗？”

“我找这个地方也属偶然，书法我写了几十年，老师也有很多，但我还是认为我没有写出中国文化的气质来。为什么这么说呢？因为书法艺术的符号是典型的汉文化，象征其意义系统则更深层次地体现着中国文化的内质。书法艺术的道、气、韵、势、力、意等内在的艺术意味和审美概念范畴，具有十分鲜明的中国特色，书法艺术的艺术意味和文化精神与中国人的哲学意识和宇宙观紧紧相连。中国哲学的道，贯穿万物的气，流转平衡的阴阳等表达宇宙世界的终极概念范畴，在书法艺术中都可以找到相应的形象表现和解释。书法笔墨线条在宣纸上的轻重缓急，黑白流转，形象地展现了阴阳变化的惟妙惟肖；书法创作时气贯通篇，气韵生动则字字皆活，生命自显。这一创作要则体现了中国人气的哲学，而书法家自身修养，内心追求的艺术境界，则是终身体悟，时时把玩道家的境界和佛家的境界。维阳，你记住：书法艺术的高层次追求，不是形而下的技巧笔墨，而是一种形而上的境界，这是中国人精神的最高追求。我入得此山，一是建书院传承文化，二是悟天地之灵气，三是体悟书道之境也。”

这番话对我来说是枯燥的，听的有些云里雾里。我虽然自8岁起跟父亲学习书法，但只想把字写好，没有如此高深理论。大师就是大师，名副其实！我激动不已，心想这次找到了一位名师，曹老师没有虚夸，能得其师指导这是我人生的造化。

贾老师一抬手腕道：“快1点了，我们回去吃饭。”说着贾老师快步下山，我本想伸手去扶他，他说：“没事，不用扶我。”虽说身体好，但他毕竟已六十有四了，谁知我的步伐都跟不上他。

我们到书院时，桌子上已摆满了菜肴。王老师笑容满面，说：“你们先喝点茶，饭马上就好。”顺手指了指桌上的茶壶。

我便走上前，给贾老师倒水。没等我们喝完这壶铁观音，王老师便叫我们吃饭。

入座后，王老师对我说：“小孔，来尝尝我在山上自己种的菜和山里的野菜，这在城里是吃不到的。”我手拿筷子，看着满桌子的菜，不知吃哪个好。荤的有牛蹄筋、山鸡和野兔；素的有灰灰菜、马苋菜、荠菜等。好多叫不出名字，王老师一一给我讲了菜的名字。因为我不饮酒，饭很快就吃完了。

饭毕，我去整理明日展出的字画，贾老师和王老师去卧室午睡。

100余幅字画，不同的书画家的作品，以前未曾同时见到这么多真迹，今天见到真是眼界大开！各种书体、各种画派、尽收眼底，是一次难得的学习机会，每一幅我看的格外仔细。

不知不觉已经3点了，贾老师午休后见我很认真的挂字画，便过来与我拉家常。“维阳，你与曹老是老乡，曹老师说，你学习书法很执着，你几岁开始写毛笔字的？有没有老师的指点呀？”

贾老师问道。

“我8岁开始，先由父亲指导，后在初、高中得到学校的一些书法老师的指导，但正规系统的学习书法，还没有过。来京后，便跟曹老师学习了近一年的楷书。”我回答道。

“看来你还是有些底子的，曹老师介绍你来跟我学习书法，我是要看你的悟性，特别是学习草书，需要的更是悟性。草书的法则是书法艺术中最难掌握的，你读过《草字诀》没有？孙过庭的《书谱》临习过没有？”

“贾老师，我习过《草字诀》和怀素《自叙帖》，孙过庭《书谱》没有习过。”我回道。

“学书你要掌握最基本的三要素：无师不成，无帖不成，无功不成。就是说，学习书法没有老师指导是不能够成功的，不去临习古人之帖也不能够成功，不去下苦工夫写也不能够成功。

● 贾松阳老师在自家院中和刘博琴 王遐举 箫劳导师合影

我的老师很多，著名的有萧劳、徐之谦、王遐举、刘博琴、孙墨佛、郭传璋等，他们不仅教育我如何写字，更主要的是教我如何做人和做学问。

现在我教你也一样，做人最要紧的是让人由衷的喜欢你，敬佩你本人，而不是你的财力或才气，也不是表面上让人听你的。只要有博大的胸襟，自己才不会那么骄傲，不会认为自己样样出众，承认他人的长处，得到他人的帮助，这便是古人说的‘有容乃大’的道理。还有，做人要尽可能地保持低调，以免树大招风。如果你始终注意不过分显示自己，就不会招惹别人的敌意，别人也就无法捕捉你的虚实。在宋朝的苏东坡，你知道吧，他是个文人，他没有野心，但就是给人陷害，他弟弟说的很对：‘我哥哥错在出名，错在出高调。’懂了苏东坡的故事，就知道什么叫无故受伤害了。

维阳，人生自有其沉浮，每个人都应该学会忍受生活中属于自己的一份悲伤，只有这样，你才能体会到什么叫做成功，什么叫做真正的幸福。你跟我学习书法之前我先把这些道理给你讲讲，你们年轻人只要向正确方向走，一定会成功的。现在社会上人们赞誉我是书法大师，其实我并非天生就能写出好的书法。到现在我只敢说写的还可以，我是经历了很多挫折和磨难之后才领悟到一些书法要诀的。”

贾老师说到此，神情忧伤，仿佛又回到了他经历的苦难之中。我从他的眼睛里可以读的出来。

“贾老师，字画挂完了。我想正式的拜您为师，向您学习书法艺术，不知您允许吗？”

贾老师听到我要正式拜他为师，从忧伤的回忆中回过神来。脸上露出了喜悦。贾老师的眼睛虽然不大，但我此时能从他的眼神感觉到一种温暖。

眼睛是心灵的窗口，我从贾老师的这扇窗口看到了一位书法大家的真诚与善良。

“好吧！我答应你作为我的入门弟子。”贾老师说的很干脆，没有一丝犹豫。我按捺不住心中的喜悦说：“贾老师，我想按传统的礼节拜师，给您和师母叩三个拜师头。”

贾老师平静的说：“自古师徒如父子，你我师徒既然缘份已至，就按古训，走个仪式吧。”

我跟贾老师走向内堂，王老师正坐堂上摇扇饮茶，见我们进来，便让保姆给我们倒茶。

“王老师，维阳执意要拜我为师，学习书法，我看这孩子底子不错，答应收他为徒。你觉如何？你若同意，维阳说今天要按传统礼节给我们二人行叩头礼。”贾老师给王老师说道。

王老师快言快语，喝了口茶说道：“我看维阳这孩子言行稳重，字也可塑，我同意。我说这几日喜鹊老在院子里叫，今儿个灵验了，国庆之喜、收徒之喜，双喜临门呀！至于行叩头礼就依小孔吧。”

我听到王老师说了这番话，便从座位上起身双膝跪地说：“师父、师母在上，受徒儿三拜。”说着额头向地上叩了三叩。就这样，带着我学书的梦想，带着学书的执着，在这深山的菩萨鹿村的“松阳巨笔院”拜到了这位富有传奇色彩的气功书法大师为师，真乃我人生之大幸也！

简单的拜师仪式完后，我晚上便住在了山上的书院里。

中秋的夜晚，凉意初显，山风徐来吹得树叶沙沙作响，伴着眨眼睛的星星在山谷里游荡。我的心还在加速的跳着，眼睛努力的闭上，又努力的睁开，像一个弹簧。思绪万千，任凭那蛐蛐的刺耳长鸣也不能把我引入梦乡。

明天便是祖国的五十岁生日，松阳老师在这里举办书画展览庆祝，真是别有一番文化的风味，给这个寂静的小山村带来了无限生机。

大自然的宽慰，大山的伟岸，青青的草，黄黄的叶，白白的羊群，点缀着流水的声响。还有那美丽的传说，让这里的人宁静，让来这里的客致远！

这是一座山，这是一幅画，这是一首诗，这是世间的桃源。

我按耐不住诗情，便起床写道：

黑夜如此的漫长，
让我的心浮在宁静的床上，
让我的眼飘在纱窗上。
你是否执意要用笔的力量，
使黑墨神采飞扬？
你是否想让我彻夜不眠，
用你的神奇唤醒我智慧的光芒？
啊！不，你的爱如此的浩荡，
这是祖国母亲的力量。
我的真爱使我如此迷茫，
为你我之缘永远高昂——
我为你守夜，
你却用手指着我在天上，
我坚定，
你是我心中永恒的太阳。

我在诗中沉睡，在阳光中醒来。

“维阳，起床了，客人们都到了！”老师的声音，像是在歌唱，我赶紧起来洗漱。

今天庆祝祖国五十岁的生日书画展，来了很多的人，有领导、有朋友、有学生、有新闻媒体的朋友、有老师的弟子，书院好不热闹。

师母非常高兴，被一位留着短发，上身穿一件白色短袖衫，下身穿深红色花格长裙，脚蹬一双黑色无带小皮鞋的女士搀扶着。

这位女士面带微笑，气韵优雅，两眸灵气闪闪，行走端庄，神韵迷人。我便上前问师母，师母介绍说："来，小孔，见过你这位师姐，她也姓贾，名丽萍。打小跟你师父学习书法，琴棋书画皆通，才气横溢，以后要多向师姐请教。"

"师母，徒儿记下了。"便上前与师姐握手问好。

正在说话，又来了两位女士，一位国字型脸，大眼睛，笑容可掬，皮肤白里透红，师母没等我问，便指着介绍说："这是你大师姐，叫王珺，是我的大女儿，随我姓。"

又指着大师姐旁边的女士说："这是你二师姐，叫王玮，是我的二女儿，亦随我姓。"没等师母讲完，二师姐便问师母："这大小伙子是谁？"

师母说："这小伙子，姓孔，名维阳。昨日已拜你父亲为师。是由房山的曹老引荐入门的，你们认识一下。"

说罢，我便与二位师姐行礼。

原来，贾老师有二女一男，大师姐书

● 孔维阳与师姐贾丽萍在大佛堂前合影

法浑厚，得老师之真传，“松阳巨笔院”匾额便出自她手；二师姐擅长国画，花鸟鱼虫无不精通；师兄却不好丹青，却有经商之道，打点的生意兴隆，真是“书香门第好风范”。

午饭后，大家便合影留念。记住这个特别的国庆节日。书院的人越来越少，最后，我也要与老师和师母告别，回城里去了。

1999年10月1日下午2点，我与贾丽萍师姐一同坐上了回市里的公交车。这次坐车不像来时寂寞，因有师姐同行，我们谈了很多，却忘却了一路的好景色……

“路漫漫兮，其修远兮，吾将上下而求索。”我的学书之路在曹儒劝老师的引导下找到了一条光明大道，是幸运的，而我的老师——贾松阳先生的学书之路又是如何呢？在他的谈话里曾说是“经历了很多挫折和磨难”的。他到底经历了怎样的挫折和磨难呢？且看下章故事。

第二章·茫茫人海处 志向显不凡

第二章　茫茫人海处　志向显不凡

时与日驰，转眼到了2001年的8月份，与老师在菩萨鹿分别近两年。这段时间我除了在校学习外，还要打工赚取学费。平日里，未感到贾老师曾说过得话多么的高深，但在打工的日子里深感老师的良苦用心。

初入社会，觉得这北京真像个蒸笼，我就像笼里的馒头。也许比喻的不恰当，但当时的感觉便是如此。虽不知贾老师当年的滋味，但一定是比我现在的生活艰难多倍。

2001年8月18日，我收到父亲的来信，父亲同时给贾老师写了一封信，让我转交，内容如下：

尊敬的松阳老师：

首先向您表示崇高的敬意，欣闻您收犬子为徒。喜出望外，感动万分，浮想联翩，为此提笔。敬颂《蝶恋花》词一首，对联一副。（附后）

祝全家万事如意，身体健康，事业更辉煌！

孔德生

2001.08.10

蝶恋花·代郎谢师

巨笔一挥入云端，笔笔入神一“归”划江天。盛世千古万家墨，大师英发芳万年。

松阳维阳皇宫院，重阳相会必有日月圆。叩拜恩师佛容面，尊师恩重如泰山。

赠大师对联一副

横批：旭日松间

上联：龙卧深海一碧天

下联：虎踞峡谷震高山

父亲对我拜师学书法之事甚是关心，在信中反复训导，我深明父亲望子成龙之意，故不能辜负他的期望。

2001 年 10 月 01 日，这天正逢中秋佳节。学校放假，我便有时间去看望贾老师和师母。

这次去菩萨鹿是第二次，路还是那条路，山还是那座山，景却不是往日的景了，看来景随人至便有其道理。

一路之上心情如山起伏，包中背着父亲的那份嘱托，这哪是一份嘱托？心想，这是一份希望！这是一份伟大的父爱！

思绪万千，心里久久不能平静，坐在车上掏出笔填得《清平乐·菩萨鹿》词一首：

学书心悟，踏遍求学路。满山风景留不住，重阳佛缘归处。

恩师无言奋进，谁知翻帖无数。今生莫失良机，任凭风雨闲渡。

到了山上，已经 10 点多了，只有师母和保姆在家。

“二年未见到小孔了，胖了些，学习累吧？家里都好吧？”师母问我。

“师母，家里一切安好！烦您惦记。二年没来看您了，很是想念。只因学习繁重，又找了一份工作，一直抽不出时间来看您，望请原谅！”

“瞧你说的，你们年轻人应该多做事，多学习，知道你忙，怎么会怨你小子呢！况且你不是常给我们打电话吗？这就够了，你们有这份心就是孝道。”师母笑着给我讲。

“你老师去山下换煤气罐了，一会就回来，你先喝点茶，咱们聊聊天。”没等我问，师母说道。

“师母，家里还有什么活，我去干。贾老师应该等我到了再陪他去换煤气罐！”我答道。

“小孔呀！你不太了解你老师这个人。我们俩是 1957 年结的婚，直至今日 44 年，他吃过了很多苦，走到今天不容易，养成了勤奋的习惯，不好改了，有活就抢着干。”师母说道。

● 1956 年贾松阳与父亲在北京留影

“师母，您们结婚这么多年，相濡以沫，对老师应该很了解，您给我讲讲他的故事呗。”

“他的故事太多了，从何说起呢？”师母问我。

“那就从他家里或小时候说如何？”我说。

“要说你老师家里，先从他父亲贾继昌说起。贾继昌人品贤达，能写善画，精通拳法，武刀弄枪不在话下，练就了一身好功夫。养成了忠义自强的性格，表面上看像个书生，其实有一身武艺。在河北深州十里八乡是出了名的‘大好人’。

听我婆婆讲，1913 年春贾世昌 16 岁，他为了生济，徒步走了七天七夜到了北平。在崇文门外大街的一家地毯厂做设计师。1927 年夏转去天津卫，待了 7 年。

● 1960 年贾松阳母亲在北京留影

1934 年冬，此时的贾继昌事业不顺利，感到了迷茫和孤独，他愈加思乡思念亲人。他想：回乡也许是最好的归宿。就这样贾继昌的大好前程随着回乡便成了一个不能实现的梦想。

回乡后，贾继昌过着平淡的日子，妻子何二萍先前给他生了两个千金，取名为贾秀书和贾秀巧。他回乡第二年的九月初三，妻子生下了一名男婴，贾继昌高兴之中给孩子按贾氏辈分取大名贾顺起，小名凤阳。凤阳的到来，给这个并不富裕的家庭带来了生机。后来，贾继昌与何二萍又生了两个儿子，取名为贾顺来和贾顺经。贾继昌高兴的盼着三子成龙，把自己的希望寄托在三个儿子身上，光复贾家之大业。但事不随人意，后来的贾顺来和贾顺经先后夭折，随后何二萍又为贾门生的三千金，取名为贾秀表、贾秀满和贾秀暖。

贾继昌的 8 个孩子，最后 6 个皆成人，凤阳为独子，他从心中偏爱，尤其是何二萍对儿子更是疼爱。贾凤阳在六岁那年，开始读书写字。慧悟极强，特别是喜欢写字画画，非常讨人喜欢。”

“师母，老师这凤阳名字何时改为松阳的呢？”我问道。

师母喝了口茶继续讲：“说的正是，你老师松阳之名是有故事的，我讲给你听。

1956年冬，你老师贾凤阳在北京陶然亭河道改造工程做工，没有固定工作，许多人都以工代赈。一天，普善印刷厂去工地招收搞设计的工人，文化水平要高，还要统一考试。你老师一听有些犹豫了，因为印刷行业是外行，但是一提设计，他又感到有吸引力。

于是他抱着试试的态度去参加了考试。结果语文、政治都好，惟独算术差些。然而，主考官相中了他写的一手好字。问他练了有多少年书法，他说六七年了。就这样，主考官对他说：'小伙子，你被录取了！'

贾凤阳就这样迈进了北京普善印刷厂的大门，这是因为他字写的好，有了一次命运的转折。

贾凤阳非常珍惜这次来之不易的工作，他一有空就去宣武区文化馆学习。厂里的黑板报每期都出自他手，别人下班后，他常常一个人沉入到学习和书画里。这一切都被设计师杨跃堂看到了眼里，从心里喜欢这个勤奋的后生。

正巧厂里设计部需要增加人手，厂长杨永存对杨跃堂说：'杨师傅，你看谁可以就让谁进设计室。'杨跃堂说：'我就要贾凤阳，别人不要。'就这样，厂长带着半信半疑的心勉强答应了杨跃堂的要求。

杨跃堂找到贾凤阳语重心长地说：'凤阳，许多双眼睛看着你呢，厂长也在担心，你一定给老师争气，干出样子来。你现在正年轻，还没成家，正是学习的好机会，文化馆常年在办业余书画的培训班，从现在起你要充分利用业余时间，学习到过硬的本事。'

贾凤阳听到这样信任的话，他感动不已向杨老师保证道：'师父放心，决不给您丢脸。'功夫不负有心人，贾凤阳的努力没有白费。春节将至，首钢要设计一款贺年卡，要求有灯、有篆书写的恭贺新禧的字样。

这个艰难的任务厂子里给了贾凤阳。

贾凤阳静思其稿，已至深夜时还未有满意的方案。他起身推门走到院子里，凉风吹到了他的身上，吹进了心里，脑子突然清醒浮现出一幅图画：皑皑白雪从天而降，无声的天空中被金色点亮，彩花随至起伏；雪花随着红色的宫灯飞舞，红色和金色组成了生机祥和富有神韵的图画，恭贺新春的篆书夹着雪花飘扬……

贾凤阳的灵感随风而至，他赶紧回屋按照刚才脑海的一幕把图案画了出来！一看表已凌晨五点多了，天已蒙蒙发亮。

此时的贾凤阳已经困极了，伏案小睡。醒来再看图稿时，画面写字的落款处显出‘松阳’二字。他感到像是梦中的景象:‘松阳’二字既像字，又像墨迹。真是天助人也，松柏之志，惟生命长青；阳光普照，春回大地，惟万物之恒。松阳岂不比凤阳更有魅力吗？贾凤阳心想道，于是他的一个新名诞生了。小孔，这就是你老师松阳名字的来历。”

师母讲完这个故事，我觉得好奇！一张贺年卡的设计，同时设计出一位大师的名字，真是不可思议！

看来，人在自然的欲望里，有些是必须要的，有些纯粹是巧合而已。大师的名字是在巧合中得到的，所以，这是他必须要的。

“师母，老师有今天这样的成就，您觉的快乐吗？”我问道。

“小孔，你记着，一个人不管是拥有庞大的财富，还是荣耀和众人的仰慕，或是其他导致无穷无尽的身外之物，都不能赶走心灵的烦忧，更不能带来真正意义上的快乐。

真正意义上的快乐，是不应该违背天性的快乐。率真而富有创造的人，可以在天地之间独立。你的老师是一位率真随缘的人，所以他的书法艺术是独立的。”师母答道。

正当我与师母聊的起劲时，门外汽车的马达声渐近，一定是老师回来了。我赶紧出门，等车子停稳了，老师满脸笑容说：“我回来了！维阳几时到的？”

“刚到一会。”说着我把煤气罐从车上移到厨房里，老师把青菜、肉食和鸡蛋分类后让我放到冰箱里。

送走司机，老师洗完脸，换了件衣服对我说：“维阳二年未见了，学习还好吧？家里老人都好吧？”

“谢老师关心，家里一切都好，在校学习紧张些。对了，近日收到家父给你写的一封信，让我转呈您。”我把信从包里拿出递与老师。

老师打开信，认真的翻看后对我说：“替我谢谢你父亲，他的文笔很好。有时间一定要把他和你母亲接到北京来。有父母在多好呀！你一定要好好的孝敬他们。我非常的思念我的父母！真是‘树欲静而风不止，子欲养而亲不在’呀！”

老师声音颤颤的说完，眼睛有些湿润。

“老师，刚才听师母讲了一些关于您的故事，您父亲是一个很厉害的人，不仅会设计还会武功。您会不会功夫？”

“维阳，我一直深爱着我的父母，他们给了我生命和智慧，天下所有的父母都爱自己的孩子。

我在1935年出生，在我两岁时日本发动了侵华战争。兵匪横行，农人遭殃，过日子举步维艰，所以我的童年生活是苦涩的。父母含辛茹苦把我养大，今天回头想想，他们没享一天福就走了……”

老师说到了心酸处，哽咽几声，眼泪滴落。一旁的师母看到此景便说：“松阳，不要给晚辈们诉说当年的苦处了。现在的孩子们生活在这么好的社会，他们会知道珍惜的。”

老师摘了眼镜，瞪着师母说：“一定要讲给他们听，做人要不忘本才是嘛！父母就是我们的本，是我们的佛。我的爷爷为了我家人和生计，教我父亲学会了做烧饼的手艺。父亲每天辛苦的做烧饼，使得全家七八口人勉强度日。记得父亲晚上带我去瓜地里睡觉，给我讲《西游记》、《水浒传》、《三国演义》和《七侠五义》等小说故事，还讲一些优美的民间传说《嫦娥奔月》。那时候真美，我每天晚上都沉浸在故事的王国里，躺在床上看着星星、盼着月亮里的嫦娥出来……直到现在故事里的人物都深深的埋在了我的记忆里。

那时候虽然种瓜，但不舍得吃瓜，只等卖了钱买学习用的本子和笔墨。我母亲说过：‘瓜是甜的，可日子是苦的’。直到现在我还记着，母亲对生活认识很深刻。

维阳，生活给了我们很多的磨难，我们不能退缩，不能去埋怨人情的冷暖，我们只能去面对，去解决一切难题。旧社会是这样，现在社会亦如此。

有一次我与庄上的小伙伴赌气，不习水性便跳下了水塘，结果被淹。喝了好多坑水，在水里自己努力的挣扎上来，大病一场。我的母亲把我搂在怀里三天三夜，看到我睁开眼叫娘，才露出了笑容。

我的母亲叫何二萍，姥爷去世早，从小母亲跟着姥姥过日子，六七岁就开始做家务活。母亲性格内向，为人憨厚，心地善良，脾气特别温和，从来不与人吵架，养成自己吃苦，委曲求全的性格。在我心目中是一位标准的贤妻良母。

在我的记忆里，母亲给我最深刻的印象是领着我兄妹几个去讨饭。那年我刚6岁，我们庄上又遇上灾荒，大雨下了七天七夜，洪水把庄稼全部淹没了。洪水退后，颗粒未收，不少人家吃不上饭，爹娘便拉着儿女去逃荒。

我们家从来没有过这样凄凉，洪水把我们一家人逼到了饥饿的边缘。我父亲去做扛工，母亲一手拉着我，一手抱着妹妹。走在无助的旷野里，不知敲了多少家的门，看到我们如此可怜，便给些干粮和剩饭。有了好的东西母亲不舍得吃，首先给我吃，怀中的妹妹也不曾轮到。每到此时，我又把食物放到妹妹的嘴里，母亲看着便转过头去无声落泪。

苦难的岁月，母爱的伟大，就像印在黄土路上的脚印，深深铭刻在我的心中。母亲带着我们几个黑瘦的孩子硬是闯过了一道道生死关，凭着她坚强的信念，又把我们带回到了高赵圈。

今天的好日子，是母亲赐予我的福气，正是母亲为了让子女活下去的信念才与饥饿拼争，才让我没有饿死在逃荒的路上……

老师作诗道：

童年苦渡慈母泪，
苍天无语谁相违？
母爱尚去梦未醒，
繁花开处蜂蝶累。

我再也听不到母亲叫我吃饭的呼唤了，再也摸不到母亲勤劳粗糙的那双手了……”

老师讲到这里泪水涌流，坐在一旁的师母眼圈红湿，他俩尽量的克制自己，但自己仿佛回到了母亲在世的岁月里。

我说什么呢？我只能无语的聆听，无语的感受老师对父母的那份挚爱。

“每逢佳节倍思亲”，今天正是中秋佳节，老师在思念自己的父母，也在告慰父母之灵。真是：

孝心一颗日月见，
不报恩情誓不休。

“老师，人生之苦，世人皆遇之。非志士无以超越，您的母亲是超越者，应该高兴才是。没有她在艰难中的超越，便没有您今日的幸福生活。从佛学讲，老太太已成佛，升入极乐之巅。”

我安慰老师说。

“我的母亲一生信佛，虽然她没有高深的佛学知识，但能领悟其苦修是福的道理。”老师回答。

“老师，小时候父亲打过您吗？”我接着问道。

“打过，那是1950年的春天，我15岁初中快毕业的时候。中考过后毕业班的王欣老师，把我叫到办公室对我说：‘凤阳，你这次的毛笔字写得进步很大，望你要坚持努力，幸许将来能当个书法家呢。这次中考你考了第二名，再加把劲争取去深州城里读高小。’说罢，王老师从抽屉里拿出一本字典送给我，说是对我的奖励。当时不敢要，我告诉老师，我娘不让白要别人的东西。可王老师却说：‘这是老师送你的，不是别人的，听话，拿着。’无奈，从老师手中接过字典，行了礼，便回家了。

暑假的一天，我正拿着字典写字，被父亲看到了，便问我字典从哪里来的。我说是老师给的，父亲不信，以为我偷的。当时给父亲赌气说‘偷的，你给钱买我就不偷了。’一听我说这话，我父亲十分气愤，举手就打。我便起身跑，谁知这一跑字典掉在了地上，字典的扉页上露出了一行毛笔字。父亲拾起字典看那行字是王欣老师的笔迹：

赠给优秀学生贾凤阳同学。

王欣

1950年7月

父亲此时知道委屈了我，气消了。然后哄着我说带我去城里玩。这是父亲第一次打我，但父亲并没有打到我。直到今天，这本字典我还完整的保留着。

说道此事，便又想起父亲因我小时虚弱，让我去刘家庄祖师傅那里习武的事来。父亲那时对我说‘要想身体壮，必须弄棍棒’。

那时白天学习，晚上练武，虽然高赵圈离刘家庄二里多路，晚上去还是有些害怕。

我的师父叫祖老朝，那天夜里第一次见到他。在月光下，他神采奕奕，精神焕发，处处显出习武人的风骨。

春去秋来，我一练就是四年，因从不迟到早退，老师教的各路拳法在短时间里都可以熟练的掌握，所以师父很喜欢我。

在出师的那天，师父祖老朝让我单独把‘六合形意拳’从新打了一遍。对我说：‘徒儿，练习武术主要是强身健体，且不可惹事生非。你对拳法已经有很好的领悟，但要出神入化，还要靠你以后的心神领会。武术之妙，悟其法，为上乘；行其气，为中乘；观其形，为下乘。融其法，贯其气，化其形，三者合一便是最高之境也。望徒儿好生体悟吧！以后不要来看我，要专心做事、做人。边念道：

徒儿慧聪有贵相，

不图报恩无期归。

记住了吗？’师父问道。

师父的话似春风，似春雨。今日想来才知师父的良苦用心。岁月不饶人，我今年已六十有六，学生满天下。

回首往事，仿佛就在昨日。当年父亲为了给我买支毛笔，竟然把他喜爱的传了三代的挑烧饼筐的扁担给卖了。

据说这根扁担传到我父亲这一代已是三代了，在我的记忆里这根扁担光滑柔软，一丈之长，两头镶嵌铜皮，挂钩雪亮，久不生虫；与别人家的自然不同。父亲视为宝物，但为了我写字，忍痛卖掉换回了几支上乘的好毛笔。

转眼我小学毕业了，考了第一名；高兴的回家告诉母亲，总以为这下一定能去城里念高小了。父亲却来了个360度的大转弯，要把我赶出家门，自食其力！

当时我的母亲不理解，我更不理解为什么。今思来父亲的用心是培养我的社会能力，他想让我通过自己在社会上感受事态之炎凉，人情之冷暖来判断自己所要达到的目标，这样的父亲天底下有几人啊！

这一年，满肚子里装着委屈，满肚子里装着志气。跟着衡水闯京城的老乡走出了高赵圈，走进了繁华的北京城。

初到北京城，东西南北分不清。来到‘月盛斋’的匾下我怔住了，黑底金字多么阔气，一股无形的力量油然而生：有朝一日，我也要写块匾挂在北京，心里暗自发誓。

我跟着一个领工，走进了一家打铁工厂，正式的成了一名小铁匠。我个子小，他们让我拉风箱，在这里我要挑水、做饭还要给师傅干杂活。人生多磨难，还好遇到了大师兄张志忠，他心疼我，时时帮我完成一些累活。可没干多久大家都散了。我与张志忠师兄寄宿在一个破工厂里，后来在张师兄的努力下我进了‘天盛局徽章店’做徒工，张志忠当了国棉三厂的工人。

● 1950 年贾凤阳与堂兄贾凤江在北京合影

天盛局徽章店，是个颇有名气的店铺，主要经营徽章和字块生意，属私营店。在这里能学到篆字方面的知识，不用做体力活，我当时特别满意。谁知好景不长，就在当年的年三十下午，我收账回来，店铺的掌柜及家人携物而走，只留下空荡荡的房子……

晚上，我孤独一人蜷缩在空房里，抱着母亲为我做的被子，眼泪长流不止，身无分文，如何是好啊！北风吹着窗纸呼呼作响，我迷迷糊糊的睡着了。等到醒来时，浑身发冷，哆嗦不止，头剧烈疼痛。心想，这下可坏了，发烧了。在我似乎又要昏睡去时，忽然听到有人在叫：'贾凤阳'！

努力的睁开眼睛，可眼皮不听指挥，门吱的一响，一双大手按在我的额头上。

'凤阳，我是张志忠，你这是怎么了？你们家卢掌柜呢？'

我一听是张师兄，泪水顺着眼角涌出。张师兄把我背起，向医院走去。

趴在师兄的背上，听得到"噼、啪"的鞭炮声响。不时有雪花打在我的脸上，我的心中有万般苦涩，不知该向何方。

在医院，打完针，烧退了。张志忠师兄一直等着我睁开眼睛。

'师兄，天盛局没了'

'没了，大三十的怎么没了呢？'

'卢掌柜的全家都跑了'

'唉！都怪师兄，看错了人。凤阳咱不怕，有师兄我呢！现在陶然亭河道正开工改造，春节也不放假，不怕找不到工作。走，跟我回家过年去！'

'师兄，谢谢！我想一个人过年。'

也许，张志忠看出了我的悲伤，不再强求，临走塞给我一叠钱，说：'好吧，过了初一，咱一块去陶然亭河道工地去。'

看着张志忠的背影渐渐消失在茫茫的雪夜中，心中泛起了一丝无奈。没想到能交上张志忠这样好的朋友，做梦也不会想到自己的命运如此悲惨。一阵风雪扑来，我脑子似乎清醒了许多，心想该回去了。

回到了空无一人的天盛局店铺。吃下医生开的药，便昏沉睡去。

睡梦中见到了慈祥的母亲，用她那双粗糙的手，给我盖好了被子……”

老师讲完了这几段经历，心情非常沉重，师母的表情也很凝重。我知道老师讲的只是生活中的点滴难事，他的内心深处一定还有更多的无言之苦未向我提起，我以此能窥见一斑。正是：

茫茫人海处，
谁解心中苦。
志向显不凡，
步步展宏图。

吃完中午饭，我要赶车回学校，便向老师和师母告别了。坐在车上，思考着老师今天讲他的故事，这又何尝不是我一个书生所面对的现实呢！车走出了大山，我的心还在山谷里徘徊……

学习的优秀没有换来凤阳到城里高小继续深造，工作的不如意给幼小痛苦的心灵雪上加霜。若大的北京城是否能有小凤阳的立足之地呢？请看下章故事。

第三章·无言催我进 傲骨追千年

第三章 无言催我进 傲骨追千年

我和老师及师母这次中秋节匆匆一见，谁知是和师母的永别。当我 2006 年再见到贾老师时，师母王存巧已经逝世 2 年了，享年 67 岁。

其实，我第一次见到师母时，师母的病就很重了，她是糖尿病并发症去逝的。只可惜我 2002 年至 2005 年这四年中与老师失去了联系，又加上我大学刚刚毕业，忙于生计，别无它顾了。

2006 年 4 月份，我终于又联系到了松阳老师，这一年正是师母逝世二周年。

“维阳，今年的 8 月 18 日是你师母二周年祭日，我想为她出本诗集。你师娘走时，你也没见着，活着的时候老念叨你，你写篇序文告慰她在天之灵吧！”

老师说的很沉重，我没有马上回答。

不知从何下笔，想着师母的音容笑貌，想着在山上与我说过的话语，不知不觉泪水夺眶而出……

一整个晚上，都没有找到思绪。

天快亮的时候看着与师母的合影，执笔疾书道：

“慈恩师母，仙去两载，大师忆恋悠悠。正逢祭日之哀思，一思菩萨山之教诲；二思慈母之贞爱；再思巾帼之高风。吾心有泪却不能流矣！

师母在天之灵，应有仙知：知大师气吞山河之感；知大师意恋人类之情怀；知大师恋师母之诗句。

今集成册，大师念慰师母之仙觉，特命徒，嘱序以纪念，偶得几言。

愿师母之精神与天地共存。

松阳大师入门弟子 孔维阳

丙戌夏日 敬撰於北京

序写完了，可师母的那份恩，那份爱护在我记忆里是永恒的，是不朽的。

手中的笔不曾放下，师母说过的话历历在目，今拜书法大师贾松先生为师七载，感慨万千，故又作《感师赋》：

感师赋

2006 年 7 月 8 日作于北京

天苍苍，野茫茫；书之路，向何方？
山之上，七载殇；师母言，立志强。
母仙去，师痛伤；学生苦，堪迷惘。
多少事，心中想；大师现，见佛光。
挥巨笔，书情畅；得灵境，造画廊。
古稀岁，中年想；传艺德，弟子广。
妙翰墨，奇文章，丹青史，无人长。
今生幸，拜师堂，学书艺，绝傲狂。
遵师训，敬兄长；通书论，研颠张。
习醉素，读孙黄；体润之，固欧阳。
究用墨，重纸张；慎待笔，注信章。
观书画，美人状；粗浮气，莫沾上。
展书画，五不放，灯雨酒，俗人旁。
谨为人，德高尚；书精神，千古香。
圣人后，孔维阳；得大师，指迷惘。
以上言，徒且当；恩师严，弟子强。
奋斗苦，文化创；书画史，威炎黄。

● 2004 年 王晓红 贾松阳 孔维阳在王存巧墓前合影

诗集出刊后，2006 年 8 月 18 日那天，我陪老师去了北京佛山陵园师母的坟前。随行的还有大师姐王珺、二师姐王玮、二姐夫寿正旺、师妹王晓红。我们准备了鲜花、祭品。最主要的是在师母坟前焚烧了二本《怀念诗集》。

说真的，我们都知道，这个世界上是没有天国的。可此时，我们都期盼着师母在天国里能收到老师为她出的这本诗集。因为，这是老师对师母无限的爱恋啊！

在师母墓碑后，还有一墓碑。那是老师为他父亲贾继昌，母亲何二萍立的碑！

古人云："生死亦大矣，岂不痛哉。"老师之举可谓孝也，可谓忠也！

在回来的路上，我与老师同车，便问老师："老师，能给我讲讲您与师母的婚缘吗？师母在您心目中的地位有多高？"

"我与你师娘的这段婚姻，可以用五个字来概括'患难结同心’。

1956年春节前夕，我在北京接到家乡发来的一份只有四个字的电报：‘火速回家’！我心里有些着急，莫不是家里出大事了，想到这，决定回家看看。

我那时已经在北京待了六个年头，虽说苦辣酸甜都尝过，但北京的印象还是很深。况且我已经是印刷厂小有名气的设计师了。

赶紧给厂里请了假，奔向永定门火车站。说来也怪，刚上火车，天空飘起雪花，我似乎总与这飞雪结缘，不一会田野里白茫茫一片。我在火车里无心观赏窗外的雪景，心里忐忑不安，不知家里出了什么事情。

第二天的5点多，车到了离我家最近的站——前磨头火车站。我顾不上休息，快步往家赶。到家时，父母都在家，我便问：‘爹、娘家里出什么事了？这么急让我回来。’

父亲给我母亲使眼色，母亲高兴的说：‘凤阳，我们做主给你订了一门亲事！’

我一听有些急，便说：‘就为了这事，给我发急电！我以为家里出大事了呢！’

我父亲接过话说：‘孩子，我们是怕厂里不请你假才这么做的，让你着急了。’

母亲说：‘你这个对象叫王存巧，家离咱们不远，住东马庄村，她现在是乡里的团委书记，今年十九岁长相俊俏，身板强健。父亲王凤鸣，母亲李大起。我和你爹都认识，门也当户也对，所以就给你订下了。’

听了母亲介绍的情况，我知道父母对我好，就顺从了父母之愿，便说：‘爹娘做主，儿子不违。’

我父母一听，两人高兴的合不拢嘴。

按照父母的约定，如果双方没问题就登记结婚。第三天我见

● 1957 年贾凤阳与王存巧在北京结婚合影

到了父母喜欢的王存巧。

圆形的脸上有 双水江江的大眼睛，眉日清秀，皮肤白皙，肩上垂着一双又黑又粗的大辫子。上身穿蓝色长褂，下配一条黑色裤子，脚穿一双自做的条绒布鞋。

说心里话，我一下子被她吸引住了。虽说在北京见过不少女性，能有如此魅力的还真是少见。开始还有些怨父母，现在却暗自庆幸父母为我找了一个漂亮的媳妇。

就这样，一门被父母介绍的婚姻变成了一见钟情的爱情。我此时的心像寒冬里的暖流，像春天的柔风……

春节前，大雪飞个不停，我与王存巧到乡里办了登记手续，准备春节后返京。

当我带着王存巧来到印刷厂的宿舍时，眼前的一切让她的眼泪直落，说不出一句话。狭窄的屋里堆满了资料，地上到处是写满书法的纸张，一片狼藉。这事情都怪我只顾高兴，没来的及向厂领导汇报结婚之事，我向她解释。她却说：‘我大伯在京城做生意，我去他那看看能不能先借住他家，等厂里给你批了房再搬出去。’

说罢，就找出大伯的地址给我看，她非要现在就去。我把她送到车站，告诉她到哪儿下车。看着她上的公共汽车远去了，我的心里不是滋味，一个大男人却让媳妇找婚房……内疚一直缠绕着我，但愿她顺利。

傍晚，天下起了雨，虽说不大，但一直下个不停。正担心，门响了。看到王存巧浑身湿透，神情沮丧。准是碰了钉子，赶紧给她到了杯热茶，说：‘快把衣服换了，免的感冒。’我出去把门关好。

● 1958 年贾凤阳王存巧夫妇与大女儿王珺在北京合影

夜，是那么的长；雨，还那么的下。这一夜我们就在宿舍里进入了梦乡，这一夜拉开了我们婚后生活的序幕……”

车子晃了一下，老师身子也动了一下，看着老师似乎又沉浸在与师母婚后的生活里。

“小孔，现在你也结婚了，生活是什么！生活是一家人矛盾的交响曲。有时一个音符，有时很多音符，缠绕着我们的思绪。让你自缚，让你无奈，让你时而痛苦，时而欢乐。

刚才讲到找房子那了吧，你师母的两家亲戚都因为看不上我，都不让住。最后，我想到了本村本家的侄子贾玉池家，他家住崇文门外南横巷9号。

我骑自行车去找到贾玉池向他说明来意。侄子二话没说，赶紧领我一边去看房子，一边说：‘这是间南房，只有十几平米，住两人是没问题。就是见不着阳光，委屈你们。’

● 1966 年贾凤阳全家在北京天宁寺合影

房子找着了，虽然是一个临时的小屋，但我们俩的生活像火炉一样热，蜜一样甜。

不久，王存巧怀了我们的第一个孩子，快要生的时候，因没人照顾，也怕影响我的工作，她提出了回老家去生。

1958年春，王存巧拖着笨重的身子回到了老家高赵圈，给我生了个女儿，就是你大师姐王珺。

王珺出生没多久，我在京给王存巧找了个工作，便把她们母女接到京城。因孩子晚上哭闹，贾玉池他家住不成了，只好另寻他处。最后找到了老乡赵广珍家，赵广珍非常热情，同意我们住在她家的东屋。从此东四弓箭人院便成了我们的小家。

这所房子临街，十分方便。东屋有窗向阳，特别宽敞。中间隔一道墙，算是两间，生活学习非常方便。我们在此一住便是七年，在这里王存巧又为我生了二女儿贾忠玮（王玮）和儿子贾浩。

在这里，有孩子们童年的记忆，有我们夫妻俩奋斗的足迹。七年的风霜雪雨，让我们难以忘怀。

全家五口人吃饭，只有我一个拿工资，最苦的是你师母，她和几个孩子的户口没有落下，当时她在朝阳鞋厂做临时工。从我家到鞋厂要四分钱的车票，来回是八分，她为了省下这八分钱，每天往返步行……”

说到此时，老师的眼圈红了。车子前行我听着无语。

老师的心酸，是因为怀念，怀念师母在世时的爱恋。

师母没了，可她的一切都印在老师的脑海里，都储存在老师的记忆里，无法摆脱。

我知道，老师一个人是无法摆脱生活困境的，不是贫穷，是寂寞。他一个人无法走进与师母共同生活的那所大慧寺的房子，所以有了现在所租住的房子。

● 1960 年贾凤阳一家在北京与母亲合影

路，还是那样的巅，同老师的心一样的起伏，仿佛是老师忧郁的心在呐喊……

不觉已到晌午吃饭时间，肚子“咕咕”叫。我向老师提议：“老师，咱们吃点东西，再回城里吧？”

老师从悲痛的神情里转过来说：“好，我们就在路边找个干净的饭店，吃了再回。”

二姐夫也饿了，他把车速减慢，往路边上靠。车窗望去有一家涮肉馆。我们把车子停好，下车走进了这家去吃涮肉。

在饭桌上，为了不让老师伤心。我便让老师为我们讲他的故事。

谁知老师突然说道：“维阳，你是孔圣人之后，应该知道孔子也有说错话的时候，在《论语》中他曾说过瞧不起女人的话。”

“老师，您是说《论语》里记载的‘唯女子与小人难养也，近之则不逊，远之则怨。’这句话吗？”

“是的，这句话，我认为孔子鄙视女人。”老师答道。

“老师，我不是这样认为的。这句话出自《论语·阳货篇》。这篇的主要内容有三，第一，在自然观方面，孔子肯定了‘天’具有自然的属性。第二，在人性论问题上，孔子认为人性就其自然的本质来说，都是一样的。只有由于后天环境的影响，人们才有了善恶的差别。第三，在伦理道德思想方面，孔子的主张有四条：（一）礼仪贵在诚敬。（二）行恭、宽、信、敏、惠于天下的人，可以称为仁人。（三）君子应该学习《诗经》的《周南》、《召南》著篇。（四）孔子反对道听途说，反对讲别人的坏话，反对在下位的人诽谤在上位的人，反对饱食终日，无所用心的人。

从此篇的内容看，孔子讲的‘女人’和‘小人’实际是‘齐国送来的舞女和见识浅薄的人。这里是特指，不是泛指。这句话的意思应该是：“那些齐国送来的舞女和见识浅薄的人，是很难以教养他们的，你亲近他们，他们就会无礼，你疏远他们，他们又会抱怨。这个故事在司马迁的《史记·孔子世家》中有明确记载。

其实，孔子这个人是非常尊重女性的，这个观点是我读了《孔子家语·大婚第四》之后才提出的。孔子陪鲁哀公侍坐时，哀公问：‘敢问为政如何？’子曰：‘夫妇别，男女亲，君臣信，三者正则庶物从之’。意思是：鲁哀公问：‘怎么处理政事？’孔子回答说：‘夫妇要讲伦理，男女之间要讲亲情，君臣之间要有信义，这三件做好了，那么其他的许多事情就好办了。’孔子还说：‘夏商周三代圣明君主治理政事，必定敬重他们的妻儿，这是有道理的。妻子是祭祀宗祧的主体，儿子是传承事业的人，这可以不尊重吗？所以，君子对妻儿没有不尊重的’。所以，我认为孔子在那个年代能提出‘让君子尊重妻儿’这样的观点，肯定他也是尊重妻儿的，换言之是尊重女性的。”我对老师讲道。

这次老师听的非常认真，从他的眼神中可看出，他已接受了我的观点。

“维阳这孩子爱读书，看来我要读一读《史记》了。”老师说道。

二师姐王玮说：“我们都应该读读史书，回去我要读读《论语》。”

我看大家的兴致很高，便又讲了一个《论语》里的句子和《庄子》里的一则故事。我问道：“大家都知道《论语·颜渊》里有‘君君，臣臣；父父，子子’这句话，可它真正指的是什么呢？”

“就是人要遵守等级制度呗”二姐夫寿正旺说道。

我回答道：“其实这句话的完整内容是：‘齐景公问政与孔子。孔子对曰，君君，臣臣；父父，子子。公曰，善哉！信如君不君，臣不臣；父不父，子不子，无得而食诸？’

先不论这话意思，由此可以看出，齐景公对孔子‘君臣父子’的观点很赞赏，并分析如果违背孔子的观点，他就无法坐稳自己的王位。

而‘君臣父子’的观点是孔子为了促进社会稳定，合理分配天下资源而提出的一种理念。试想如果不能建立起一种有效的分配制度，势必天下混乱，社会上的每个人都没有好日子过。

现在很多人的认为和二姐夫的观点一致，认为‘君君，臣臣；

父父，子子’是孔子在宣扬等级制度。这一观点很值得商榷，因为在汉朝以后，儒家思想基本伦为了统治者的统治工具，对儒家原始的很多观点都是断章取义，虽然借了孔子之名，却没有尊重孔子的原意，甚至完全背离了孔子的本意。比如我们熟悉的‘以德报怨’这个词，今天常被用来形容受了委屈仍然友好地对待对方，几乎和‘以德服人、以理服人’成为了‘孪生兄弟’。而实际上，在《论语·宪问》中孔子原话是：‘以德报怨，何以报德？以直报怨，以德报德。’意思是说，用恩德对待别人的怨恨，那么要用什么来对待别人的恩德呢？所以，我们要用怨恨对待怨恨，用恩德对待恩德。由此可见，孔子要表达的意思和‘以德报怨’是完全相反的。

我认为，孔子的‘君臣父子’理论虽然是非常脆弱的，保证了统治者的权利却又没有对之进行制约，所以最终被统治阶层利用。但不可否认的是，孔子的出发点是为国为民，是为了建立一种合理的社会制度，用以保障所有社会成员的合理权益。当然，我们今天看来，‘君臣父子’观念具有一定的局限性，但是从历史的角度看，‘君君，臣臣；父父，子子。’的观念就孔子所处时代而言绝对是积极的、先进的。

要说不尊重女性，我认为庄子这个人不尊重女性，在《庄子·至乐》篇里有着明确的记载：‘庄子妻死，惠子吊之，庄子则方箕踞鼓盆而歌。惠子曰：‘与人居，长子老身，死不哭亦足矣，又鼓盆而歌，不亦甚乎？’就是讲‘庄子的妻子死了，惠子去吊唁，庄子却敲着盆子唱歌。惠子就批评的口气问道：‘你的妻子与你长相厮守，如今死了，你不哭就罢了，而且还敲着盆子唱歌，你这是无情无义。’

也有人认为，这不是庄子的无情无义，他是在从更高的层次审视死亡。他认为人的生与死，全是一会的变化。这样生无欢、死无悲才是最达观的看法！我不能认同这种观点，我认为他是不尊重女性的。

老师只是听我在讲，没有吃多少饭。也许我反驳老师观念，让老师心里不高兴了。心里正在想，老师开口说道："儒家文化的博大精深，我们用一生也研究不透。刚才维阳讲了几个观点，我听了很有感触，在理解圣人的语言时，我们一定要下力度。就像写书法，只可意会，不可言传，让人很苦恼。若是能突破了这层窗户纸，便豁然开朗。

佛学里讲一个'悟'字，如果不能悟，便成不了佛，悟不到亦不能成佛。书法亦讲一个'悟'字，不悟便不能进入书法的最高境界，只是形而下的技巧笔墨而已。

佛教讲究宗派，而宗派很多，在我们中国独立发展的只有三派：禅宗、天台宗、法相宗。

'禅'是梵语音译'禅那'的缩写，意思是静虑。静坐沉思，被称为'坐禅'或'禅定'，是佛教修养的重要方式之一。

禅宗，宗门禅宗，又称宗门，创始人是菩提达摩，在六祖慧能时期，禅宗进入传播的高峰，到唐朝中后期成为汉传佛教的主要宗派。

禅宗的中心思想是：'不立文字，教外别传；直指人心，见性成佛。'意思是通过日常的实践，感悟到真正的智慧，从而达到自觉、自由、自知的境界，禅宗如此，而书法之境，亦是如此。

禅宗'见性成佛'。我说'见性成书道'也。你们知道神秀有一首偈子，慧能也有一首偈子。但他俩都是一个老师，是湖北的弘忍大师。

有一天，弘忍大师命弟子各写一首偈子交给他。大家心里都明白，这是大师选择衣钵继承人的考试。当时弘忍大师有弟子700人，慧能只是其中的一个做苦工的，并没有资格参加考试。

在众多弟子中，神秀是洪恩大师的首席上座师，半夜三更的时候，他在佛堂的墙壁上写下了一首偈子：

身是菩提树，
心为明镜台。
时时勤拂拭，
勿使惹尘埃。

这首偈子的意思是，要时时刻刻修养自心的身心，以此来抵御内心的邪念和外来的诱惑。

第二天，大家看到这首偈子，赞声不绝，只有弘忍大师没有做任何评价。慧能看了之后，却说写这首偈子的人没能领悟到佛的真谛，然后高声念道：

菩提本无树，
明镜亦非台，
本来无一物，
何处染尘埃。

这首偈子非常符合禅宗的理念：世上本来就是空的，心本来就是空的，就无所谓抗拒外面的诱惑，任何事物从心而过，都不会留下痕迹的。

弘忍大师看到后，却对慧能说：‘真是胡言乱语。’大师似乎很难原谅慧能，还在他的头上拍打了三下，但慧能立刻领悟了大师的意思，当天夜里三更天的时候来到大师房间。大师亲自为他解说《金刚经》，把世代相传的法衣传给他。封他为禅宗六祖，还吩咐他不到必要时刻，不要亮出自己身份，免得引起麻烦。

之后，慧能回到岭南，度过了15年的隐居生活。他的弟子根据他的佛学思想总结整理出了《六祖坛经》一书，被奉为禅宗的经典，这就是所说的慧能创造的南宗禅，虽兴起的时间较晚，但是影响力却超过了其它宗派。”

“老师，你通过南禅宗，悟到了书法的真谛。我们如何在学习书法中参悟佛法呢？从笔动，墨动处见真谛吗？”我问道。

“即非笔动，亦非墨动，书者心动耳。”老师说道。

“南宗禅主张顿悟，即佛在心内，只要静心、自悟，就不必苦修，便可顿悟成佛。顿悟具有醍醐灌顶的效果，能够让人豁然开朗。故你们在学习书法时要讲究顿悟，不要苦苦追求练习了多少纸张，多少个日夜。”老师接着说道。

老师的这席话，令我的思想有所顿开。我们这餐饭吃了近3个钟头，但是得到了老师的书法真经，幸甚！幸甚！

从师母的墓地回来后，一直在筹备为老师补办七十大寿的事，因师母是2004年8月18日去逝的，老师的七十大寿应该在这年的10月份。心爱的人去了，哪里还有心情过寿呀！

师母已去两年，好多朋友想给老师介绍个老伴，但老师说：“我

● 2012年贾松阳大师为宁波天童寺诚信大和尚题字

要为你师娘守过三年再说。”

朋友介绍了很多，只是简单的接触，都没有提到日程上来。因老师年龄已高，需要人照顾。儿女都有自己的事业，不可能时时在身边侍候。2006年5月10日，我还作了一首《无题》小诗，劝老师再找个老伴。

柳絮舞风招人怨，
嫩芽破土何等闲。
面壁寂寞无枯枝，
再叫日月换新天。

老师对我说：“维阳，我现在最怕的是寂寞，你先搬我家来住一段时间，我心里踏实些。如何？”

我没有犹豫说道：“没问题，老师，这样更有利于我学习书法了。”

其实，我自从搬到老师家住那天，一直在思考一个问题，在老师身边，如何做事呢？毕竟是一位古稀之年的长者。

一个月后，我的这种顾虑打消了。老师这个人在生活上，并不是很讲究的，他吃饭、穿衣都非常的简单、低调。但在书法上却非常的细微。

“老师，您题写了这么多匾额楹联，这里面有什么窍门吗？”我一天夜里问老师。

“匾额楹联的题写是另一门艺术，它不是普通意义上的书法创作。它是与雕刻相结合的一门学问，平时我们书法创作只考虑纸、笔、墨的关系。而题写匾额时，你要考虑到雕刻技术和鎏金技术。而且色彩和衬色要得当，一般匾用金粉书写，衬底用淡墨色或者黑色最好，能显示出匾块制作的严谨深沉，更能体现出一种金贵高雅的风格。这些因素如果不考虑，你写出的匾挂上去，就会出差子让行家笑话。

● 2008 年贾松阳大师为题写的“中国照相馆”牌匾揭幕

全国各地我题写了很多匾额，我自己满意的没几块，现在王府井步行街‘中国照相馆’这块，我觉得写得还可以。

维阳，你一定要记住，匾额楹联是中华传统文化与中国建筑学相统一的艺术，不是单纯的书法创作。”

和老师住在一块，有时觉得是一种享受，有时觉得是一种无奈。

老师在书法创作时，先凝神执笔，后饱蘸墨汁，大呵一声，行笔与纸上，龙飞凤舞，气贯长虹……观此状，乃人生之享受也！

夜深人静，正进入梦境之时，老师却把我叫醒，要与我彻夜长谈，我披着被子听，闭着眼睛听，此时真无奈也！

老师的生活，是独特的，是平常人无法理解的。我的心时时在动，时时在悟。哪一天，也许我能像老师一样悟出书法的真谛，像老师一样，挥笔自如，达到“可上九天揽月，可下五洋捉鳖”的境界。

老师终于邂逅了一次爱情。一位女子让老师有了初恋的“痴狂”！也因为老师的“痴狂”！让他的生活注入了一段痛苦的浪漫……

师母的离世，让老师变的沉默。二师姐王玮，为了让父亲高兴，总是邀一些朋友去看望老师。一时的热闹能给老师带来片刻的欢乐，这是做儿女的孝心。

2004 年 12 月的一天，王玮姐带着一位叫王静漪的女友去看老师。这时老师住在二龙路租住的房子里，狭小的空间，简单的家具，让这位书法大师显得颓废。老师每天无精打采的坐在椅子上，用他的话叫做“苦修”。

门铃响了，老师不情愿的去开门。门外有四个人：女儿王玮，女婿寿正旺，外孙女寿艺，后面还有一位，老师不认识。但老师眼睛却一亮，就这一刹那间，老师突然有种“天上掉下个林妹妹”的感觉。

“老爸，我们来看您了，这几天精神如何？”二师姐笑着问道。

“凑和活着吧！你妈扔下我一个人享乐去了。哎……”老师说着又陷入了沉默之中。

“爸，我给你介绍一下，指着一旁的王静漪说，这是寿正旺的好朋友，名叫王静漪，是专程来看望您的。”

“噢！谢谢！请坐，请坐！”老师笑了笑说。

“老爷子，早就听您大名了，听正旺说，老太太走了，怕您寂寞，陪他们一块来看看你。”一口地道的北京话，柔声细语，让老师心情顿时愉悦。

再看这位王静漪女士，瓜子脸，柳叶眉，那双水汪汪的大眼睛，透着灵气，像夜里闪烁着的星星；皮肤红润，面带微笑，长发挽起，长长的脖子系一条真丝五彩巾，上穿貂领裘皮袄，下配红色羊皮裙，脚蹬过膝长筒靴。大约有四十岁左右，言行举止透着成熟女性的魅力。好不迷人！

“好温馨的打扮！”老师心中暗想。

"贾老师，您真的会气功吗？"王静漪甜甜的问道。

老师头一歪，从椅子上蹦起，用手拍着肚子说道："你过来，打我三拳，感觉一下。"

看到老师此举，王静漪已经笑的前俯后仰了。但老师走上前执意要王静漪在他肚子上打上三拳。老师此时真像个老顽童，这王静漪边笑边向肚子打去。她哪里知道老师的肚子像石头一样硬。打了第一拳，赶紧缩回手叫疼。

"怎么样，感觉到了吧！"老师高兴的说。

"太厉害了！名不虚传，贾老师，您写的字那么有力量，是因为您会功夫的缘故吧？"王静漪兴奋的问道。

"你也喜欢书法？"老师问道。

"谈不上喜欢，就是每次看到书画作品时，心中总有一种冲动。但是不会写，也不会画。"王静漪说。

"字太难了，我可以教你画画。"老师说。

"真的吗？贾老师，我太荣幸了，能得到你的指导，我三生有幸！"王静漪面带微笑说道。

● 2007 年松阳大师和画家王玮 寿正旺在松阳书院合影

“就这么定，明天你来学画！”老师有力的说。

“恭喜老泰山又收高徒！”寿正旺开玩笑说着，拱手向老师一鞠躬，大家便笑。

老师见了这位王静漪之后精神抖擞，对这位俊俏女弟子十分满意。而王静漪领略了老师气功的厉害，心中想着可以跟老师学画画，闲中养性，人生之中也算寻着一方静处了。

王静漪跟着老师学习画画，是从与老师的这次邂逅开始的，一直持续到2006年6月份，便很少去老师那里了。不知是何原因。无独有偶，我从老师生活中的片言碎语中，可得一些蛛丝马迹。

在人生的旅途中，感情需要倾诉，生命需要表白。在老师的感情世界里，那份执着是他这个年龄段人不应该有的。如何形容老师对王静漪的那份爱恋呢？我找不到一个适合的词语，所以我就用莎士比亚的一首诗来表达吧：

“我的爱骨子里已加强，外表上却显得弱，
我脸上虽显淡薄，心里却热恋如火。
爱既然不是商品，爱者的舌头
就无需四处将其价值传播。
想起我们的初恋，那时正直阳春，
我总是唱着歌儿去迎接爱的来临，
犹如夜莺婉转鸣啼于夏，
要到夏末之时才停之歌吟。
不是说此刻的夏季不如当年惬意，
那时，他那哀伤之调曾使万籁无声。
我是说而今百鸟狂躁孤枝欲坠，
曲儿太多太俗，必失宠于心庭。
因此，我学夜莺，偶尔也紧闭双唇，
以免我用过多的曲儿使你烦心。”

● 2001年孔维阳与老师贾松阳在山海关合影

这首诗我觉得是最能代表老师心情。而在2006年8月21日夜，我与老师独居，看到老师泪流，感慨偶得两首《无题》

（一）

长夜悲已滞，
心中品禅味。
老夫晚年景，
此情向佛归！

（二）

人去茶无色，
夜来独寂寞。
泪湿参禅梦，
醒对空中月。

为了转移老师的思绪，我陪老师在9月份去了一趟北戴河。大海茫茫，又能带去老师的绵绵相思之苦吗？

白天有朋友陪着，老师无比的高兴。夜晚来临，老师精神更加亢奋，不是填词作诗，就是找我聊天。当时，我觉得老师有些“走火入魔”了，没办法，只能安慰老师一切都会好的。

我在宾馆里打开窗，一边听海，一边观景。

“维阳，看我这首诗如何？”老师过来说道。

我接过诗一看：“胸襟万里老龙头，
今日畅游澄海楼。
混茫元气大海在，
日曜月华铸九州。”

“老师，这首诗气魄宏大，而且把澄海楼的匾额之词都用上了，好诗。”我说道。

“我这首叫《观老龙头有感》，你也作一首。”老师说道。

我知道老师是在考验我对他此时心里变化的看法。于是说道：

挥手天下第一关，
英雄已逝寻古贤。
书得豪情传千古，
万里长城几青砖。

“老师，我这首《登山海关有感》如何？”我问道。

老师没有回答，只是静思。也许老师能感觉到我能理解他的心情，而且是在用诗句劝他。

这一夜很长。海风吹起了浪花，不时的怕打岸上的礁石发出响声。我此时想起了《庄子·逍遥游》里的一句话：“至人无己，神人无功，圣人无名。”便问老师其中之意。

“维阳，庄子这个人鄙视世俗，追求个体精神自由和追求个

● 2001 年 孔维阳与老师松阳在北戴河中直沙滩合影

性的解放。像他对大鹏逍遥游的夸张描写，赞美了大鹏的壮游和志向，在世间能做到‘无己、无功、无名’者，有几人呢？记得还有一句话值得你去深思：‘鷦鷯巢于深林，不过一枝；偃鼠饮河，不过满腹。’你们年轻之人应学习庄子的志向，不要贪婪，方可有些建树。”老师对我深情的讲道。

我和老师在北戴河待了七天，他的心情似乎有些改善。回到家里，生活如旧，我每日陪着老师，似乎我也变的像一个陷入感情漩涡的少年。我知道，有时候命运不是一只翱翔的雄鹰，它有时更像一只爬行的蛇。我努力的去体会老师，体悟他的思想，但我还是差的很远。

英国作家萧伯纳承说过：“恋爱不是慈善的事业，所以不能慷慨施舍。”我明白这个道理，但我却是个局外人。所以我决定去找王静漪去谈一谈，当然，这不能让老师知道。

2006 年 10 月份一个星期天的上午，按照约定，我去了王静漪的家里。这个家是临时的，非常简陋，但非常干净、幽雅。坐下来小屋香气迷人，是花香，也是茶香。饮上一杯清茶便觉此地是心灵的归宿。

“静漪姐，我在老师那里三月有余了，我快吃不消了。老师精力充沛，特别是晚上不睡觉，不是写书法就是作诗填词。你认为老师的思想超脱常人了吗？”我问道。

“维阳，老爷子是大家，他的艺术成就归根结缔，是因为他的这种个性。我虽然跟他画画不足两年，但细想来他讲与我的绘画法则，我渐渐的领会，但还不能贯通。我想这是我的阅历和修养不够吧。去年九月初三，老爷子生日时我送他一幅画。画了一支燃烧的红蜡烛，蜡烛下有一高高的烛台，烛台的下方有一翘首张望的老鼠。老爷子看后便在画右上方题诗一首：‘夜下静悄悄，仙池乐逍遥。奇笔诗画美，天虹缘之妙。’维阳，我到现在不解其意，不知你是如何理解的。”说着便指了指墙。

我向她手指的墙上望去，静漪姐告诉我原件在老爷子那里，这是一幅复制品。

我仔细一看，画的构思简单，色泽明快，这是一幅思想其妙的画，一幅寓意深刻的画，也是一幅暗藏玄机的画。

老师短短的题诗，表现出老师对生活中多层次哲理的感受颇深。我心想，这是老师的苦，这也是老师的无奈。

我站在画的面前沉思许久，静漪姐见我不语，便催我道：“维阳快说，你是如何理解这幅画的呢？”

“姐呀！我只悟出了三层意思，第一，你把他喻为一只盼望光明的老鼠；第二‘春蚕到死丝方尽，蜡炬成灰泪始干’；第三，灯下黑。”

我这一说，静漪姐笑着说：“啥叫灯下黑？”

“姐，你别想歪喽！您想，这鼠翘首高处的火焰，是向往人生的光明。灯下是黑的，这寓意着，前途是光明的，道路是曲折的。老师从老家农村走到北京，成为艺术大家，这一生不就是这根燃烧的蜡烛吗？他奉献了一生，索取的是什么呢？题了那么多字，丰富了别人的文化生活，传承了民族的文化，自己却走向衰老！姐，你这是一幅多么深刻的画呀！鲁迅先生说过：‘希望是附丽于存在的，有存在，便有希望，有希望，便有光明。”我向静漪姐解释道。

静漪姐，听后认为我说的有道理，表示赞同。

她补充说道：“维阳弟，我这幅画纯属偶然的，刚才你的理解之意，画时却没有，只是练笔而已。可经你这一说道是有些寓意了。”

“我觉得这里还有一层更深的含义。”我又说道。

“什么？还有什么含义？快说说看。”王静漪急切地问道。

“老师的爱情火花已经复燃！你可能是想用红蜡烛之火形象地提醒老师：‘虽然是红心一颗，但这火已近黄昏。”我接着说道。

此时的静漪姐似乎明白了什么，没有说话，只是沉默着。

我走到桌前说：“姐，赶紧泡茶吧！一壶好茶都凉了！”

听到我招呼，静漪姐赶紧过来泡茶说：“不好意思，怠慢了维阳小弟，是我的罪过。维阳，我们常常在欲望的迷宫里失散，找不到真实的自己，却误以为是行走在通往未来的天梯上。固执的人不需要建议，他需要挫折，特别是对爱情固执的人。”

“姐说的这么深刻，看来姐对爱情的理解很是独特呀！”我说道。

“维阳，姐长你几岁，有过一次远去的婚姻。我对爱情的认识不算是深刻，只是有自己的味道吧。我觉得两个人相爱是两个人生最重要的部分。应该保持着他的自由、神圣、纯洁、崇高，不可强制他，侮辱他，更不能污蔑他、屈抑他，使他在社会上丧失了优美的价值。在咱们中国有句话叫‘情人眼里出西施’，其实，德国的黑格尔也说过类似的话：‘假如不能说每个丈夫都觉得他的妻子美，至少可以说每个未婚夫都觉得他的未婚妻美，而且世上只有她美。’我认为，在这个世界上最不平凡的美是家人的美。

爱情是生活中的奢饰品，能得到的人不多。而对待感情，要像养宠物一样，别嫌伺候起来麻烦，它一定会给你带来温暖的。我挺喜欢黄侃写给女儿同学黄菊英的一首词《采桑子》示情：

‘今生未必重相见，遥计他生，谁信他生？
飘渺缠绵一种情。
当时留恋成何济，
知有飘零，毕竟飘零。便是飘零也感情。’

维阳弟，这是我对爱情的一种感悟吧，送老爷子的这幅画是我为师情而感，我想这一定是我的真情。画为老爷子而作，老爷子得了此情，也便是我的造化了。我更欣赏的是真朋友，不要‘藕断才见丝连，人走方知情浓’，我会更加珍惜老爷子与我的这段缘分！”

静漪姐说到此，举起茶杯示意与我碰杯，我便举杯相碰，一饮而尽。

走出静漪姐的家门，茶的余香还在鼻中缠绕，姐的话语也在耳边响起。凉风吹到了我的脸上，深秋的萧瑟已给这都市增加了荒凉，我的心却得到了一个完美而含蓄的答案。

在后来的交往中，我曾在静漪姐的生日时，填过一首《女冠子·人生奇葩》词赠于她。今日思来，不知是否符合她意：

高海远也，雪月堂中作画。鹤行浮云，竹节挺拔，一枝一叶，悟心倾发。昨日多少事，不能言语作答，那时玩耍。近年来，心旷神怡，绝不负好年华。

夜下快乐赋诗，问谁解繁华？今借问天公，雨后彩虹，具五光十色，佳人罗帕。素笺香墨，待我紫毫抹风景，涂成神话。笑后里邻女，醉卧犹唱，人生奇葩！

晚上，回到了老师的住处。

老师问：“维阳，去哪了，这么晚才回来。”

我说去见了一个朋友，便问老师：“吃过饭了吗？”

老师说：“吃过了。维阳，今天我填了一首《钗头凤》词你看看如何？”

我接过一看：

“身苦修，十二楼。满园春色花难留。东风急，厚情在。一生思绪，二年寻求。疚！疚！疚！

心如旧，物空留。抓梦惊起泪床头。人已去，思乱游。此情何时，痴痴难休。愁！愁！愁！”

我读完这首词，感觉到老师内心很矛盾。同时这首词上阙写了自己在住所孤寂之苦，借“春花难留”之喻自己那份厚情难收。下阙写出了对恋人的深切思念，问“此情何时，痴痴难休”后，三个“愁”字让人回味无穷矣！

“老师，您这首词用情太深，请您保重身体要紧。我认为现在您需要的不应该是爱情，而是伙伴。”我说道。

“维阳呀，千金易得，伙伴难求啊！你师母走后，我的这种痛，无人能解。有时候觉得婚姻很像一把伞，下雨的时候你会觉得很方便。你师母走了，我的这把伞也没了，所以我的雨季也来了，奈何？奈何？”老师说着又见泪花。

“老师，莫伤心。找爱人就像是买东西一样，您一眼看中的那个，或者仅供陈列，是个非卖品；或者已被别人预订，是个出售品。当您遇到生命中的那个人的时候，其实也很简单，就如同是瓶子遇上了原配的盖子，一拧就扣得严丝合缝。老师等着吧，无不可过去之事，定有自然相知之人。”我安慰道。

也许我的安慰是有用的，也许让老师的痛处更清晰而且加倍。不管老师如何想，我只能做到此。老师听了我这么说平静了许多。夜很静，老师坐在椅子上，头靠在后面，面仰对着那白白的炽光灯沉思……

老师内心的那份情是多么的真切呀！为此我感得《雨霖铃》词一首：

秋蝉声灭，萧萧落叶，万物匀歇。椿园挥毫无绪，留恋人，何时归来？对镜相看泪眼，竟无语哽噎。念去去静如烟波，痴心沉沉意难却。

自古多情人悲切，更那堪，冷落中秋节！今霄酒醒墨处。铺宣纸，对书残月。相处两载，亦有良辰美景虚设。纵横有风情万种，能与何人说？

就是这个夜晚，我睡了一个好觉，早晨自然醒来，已近9点了。

“快点洗漱，早点我买回来了，吃完我们去百工坊转转去。”老师对我说着去屋里换衣服去了。

我用最快的速度洗漱完，吃完早点跟老师去了百工坊。

百工坊这天人不多，老师一会看看字画，一会问问石料的价格，显得轻松多了。

他来到一个刻章的店铺前却与老板聊起了天。这老板是位四十岁左右的女士，慈眉善目，盘头挽簪；身材清瘦，瘦中显出冷美之风韵；微笑中透出几分典雅，细语中露出几分温柔；皮肤细白，衣着朴素。一看便知是位传统的女性。

“你刻一枚四寸的方章要多少费用？”老师问道。

“一个字伍拾元。”这位女士回道。

“不贵，你能给我刻两枚压角章，一枚引首章吗？”老师继续问。

“可以呀！把你要刻的内容写下来吧。”她说。

这时老师从包里掏出纸笔写道：

方　章：松阳

松柏之志

引首章：万万年

当老师把稿子给这位女士时，她惊诧的问：“您就是贾松阳大师？早就仰慕您的大名，有意想见却无缘，今日无意插柳柳成荫，我太幸运了。”说着赶紧起身给老师递名片，顺便也给我一张。

名片正背面很简单写着：

正面：李霞

背面：善篆刻、篆书

“您知道我呀？”老师问道。

“当然知道，您老爷子在北京题匾无数，书画界哪个不知道您大名呀！”李霞激动说道。

“都是虚名而已，庄子说：‘自伐者无功，功成者堕，名成者亏。’我乃老朽也。”老师笑着说道。

“贾老师若此一说，您更是得道的高士了。”李霞说道。

我在一旁听着他们俩谈的很投机，老师无去之意，李霞有倾吐之言。两人就这样成了忘年之交。我当时有诗为证：

心事重重百工坊，
无独有偶见霞光。
情缘未了新尘事，
只盼秋尽待重阳。

生活有时候很美妙，这要在心情愉快时才能发现。老师和李霞交往了近半年，老师的心态逐渐走向了平静。是暂时的，还是真情的流露？我内心倒是希望老师保持常乐之态，在这种状态下会获得不同程度的修养，不同程度的收益。

世间的人都渴望命运的波澜，到最后才发现：人生最美妙的风景，竟然是内心的淡定与从容……面对爱情，亲情，我们期盼别人认可自己，到最后才知道：世界是自己的，与他人无关。

我陪着老师的这段时间，深感他的心情是非常复杂地，这也许是他书法创作源泉的动力。

一天中午，老师突然高兴的叫我：“维阳，铺张四尺宣纸，墨调的略滞点，为师要写诗。”

我赶紧准备。老师喝了口茶，在屋里来回踱了几步向书桌走来。提起笔疾书道：

“半醉情怀思不胜，
皎皎嫦娥映孤灯。
牛朗织女鹊桥在，
横隔花枝唤不应。”

我一看老师书写此诗，心中暗自高兴。因为老师的先前的执着有所弱了，估计是有新的执着了。

“精美的布局，徘徊的思绪。”我说道。

“怎么，能看出老师的思绪？说说看，怎么个徘徊法？”老师笑问道。

“老师莫怪，学生只是见诗而感罢了。学生觉得老师您应该成为一个伟大的诗人而不是书法家！”我说道。

“何以此言而论？维阳，诗人也罢，书法家也罢，总之有一天统统归于尘土，一切光环都得摘掉，唯独感情可存矣！”老师叹道。

“‘春恨秋愁皆自惹，花容月貌为谁妍’。这句是《红楼梦》里的诗句。老师的思绪，无非‘自惹’而起，应以‘自息’而终。我觉得老师刚才的诗句隐藏其意，故而用‘徘徊’二字感叹。老师今已入古稀之年，且不可在等待中生活，应知道谁真的爱您，谁可以轻轻拥着您的手腕在夕阳落下时散步……”我对老师道。

老师听我这样一说，便有些悦色道：“维阳，你觉得李霞如何？我通过了解，她现在也是独身。丈夫因病去逝几年了，留下个儿子，她本是东琉璃厂翠文阁职工，现在百工坊开了刻章店。”老师讲道。

老师这一问，我有些突然。毕竟不太了解，如何回答呀！还是沉默吧。老师看出了我此时的用意，便说：

“维阳，我说过要为你师母守满三年，再续断弦，至于李霞，我要再处一段时间。”

“老师，师母走了也快满三年了，我与您在一起已有三月，知道您在生活上需要一位伴侣。您认为可以的人选，作为学生我举双手赞成。”我表态道。

时间过得真快，眼看到了2006年的农历九月初三，这一天是老师的生日。（前文我已提到，老师的七十大寿因师母去逝未办，故学生们在今日补办。）经过师兄弟商量，此次为老师过寿，

● 2006年松阳老师七十大寿左起：李靖 张永旭 孔维阳 王春生 王震合影

以老师高兴为主，注重温馨，不讲排场和形式。

寿宴那天，老师的家人、朋友和学生均到场祝寿，非常热闹。老师高兴的说道：

“感谢各位朋友、弟子们为我这个老头祝寿！春秋时期的管仲说过：‘一年之计，莫如树谷；十年之计，莫如树木；终身之计，莫如树人。’的话。我今已古稀，一生钟情于书法艺术，培养了不少学生。今思来‘树人’真是终身之事呀！社会的变化，人生的沉浮，是‘树人’的关键，切莫忽略这样的境由。如果世人都能达到墨子所说：‘若使天下兼相爱，爱人若爱其身，犹有不孝乎？无言而不信，不德而不报，投我以桃，报之以李。’的境界，世界就会太平了！但这只是墨子的一人之愿罢了。所以，我今天要用扬雄的‘重言，重行，重貌，重好。言重则有法，行重则有德，貌重则有威，好重则有观’这句话来建议大家随时的修正自己，使自己在社会上所工作的领域有所收获，有所贡献。”

老师的这番感言，引起了热烈的掌声。随后，弟子们为老师献上自作并书的诗画，以示祝贺：

深州弟子张峰作《七绝》一首：

“深州蜜桃四海鲜，
今有名士胜古贤。
双手舞动挥巨笔，
恩师书艺更无前。”

北戴河弟子张国良作《七绝》一首：

“丹青赋艳花更俏，
翰墨飘香寿自高。
德艺双馨感天地，
读书继世亦英豪。”

安徽弟子王春生作《七绝》一首：

“世界之最震乾坤，
德艺心修为师尊。
书山墨海随寰宇，
侠骨肝胆铸华魂。”

北京弟子王震填《清平乐》词一首：

“墨花四溅，巨笔可擎天。龙蛇奔舞跃纸端，尽展豪情无限。功崇颜鲁为上，法尊右军当先。铁画银钩相连，泣鬼惊天之变。”

王玮师姐画《寿星图》，李靖画了一幅《寿桃图》。

我为老师作《生日赋》并书 20 米长卷，内容为：

生日赋

孔维阳 作于2006年9月16日

桃城深州，天降大师；修世九载，佛渡贾府；童年入京，甚是艰苦；努力奋斗，书创门户。挥巨笔而书天下，泼翰墨而画世界。物华天宝，聚天地之秀气；人杰地灵，汇华夏之精魂。朗朗乾坤，巍巍中华；揽丹青史册为大师之上乘。今逢古稀之寿诞，众徒满座，集会于此；祝愿大师：寿高千秋，艺扬神州。

时维九月，序属三秋；天高而云淡，人舒而气爽；师高兴于言表，授书艺于话间；更喜得文静之超然，最忆恋灵巧之不凡。浩浩寰宇，阔阔苍穹，感凝清幽之气，情落诗笔之端；恰似渔舟唱晚，响长江黄河之畔；万事缠绕心头，挥一笔愁上九重天！笔惊天，墨醉仙；"神、龙、舞、春、州，虎、升、归、佛"院，九字七年创，意念势归悟禅缘。人生可得几美事？二美难并中天。天地之迥，再思宇宙之无穷，人岂不哀哉？悲尽兴来，天恋失大意之奇才，既是他乡游客亦能为疯狂之猛士！

嗟夫！时运大齐，命理神通；徒知大师，老当益壮，均知白首之心；穷且益坚，不坠青云之志。书画之魂，传世已定；松阳之气，弟子永续。

维阳一介书生。得大师之教诲，有怀挥笔，疾醉素之性情，致润之之从容；然叹长风万里，此意思悟不得；唯扶凌云而自惜，追流水而不可及矣！

大师寿筵，徒得幸于浩恩，特作此赋以贺之。

祝大师：东海之水福长流，南山鹤松寿千年。

● 2006年松阳老师七十大寿与弟子们合影

诗、赋、画让老师评点完后，弟子们与老师合影留念。

老师过完这次大寿后，心情的愉悦度迅速的升高。不像以前那样老在家里待着，诗也很少写了，经常出去，身体状况非常的好。一天与老师聊到养生时他说："人的生命长短，与养气有关，能长寿的人都是把气息调节的很到位。"

"老师，如何养气？"我问老师。

"气，在人体内有动有静、有实有虚、有阴有阳、有强有弱。不学武的人，听起来明白的较慢。像你写书法，可能明白的快些。中医里有'把脉'一关，这就是'把'人的'气'。那么这气是靠什么来调节的呢？靠心脏。心脏跳动的快时，人体内的气就是动的、虚的、阴的、弱的；跳的慢时就是静的、实的、阳的、强的。这样说你就明白了。

为什么这么说呢？因为心脏的加速会导致气动、气虚、气阴和气弱，如此时不注意调节，好多的病乘虚而入。可能当时感觉不到，但一感觉到了，便是重病。老百姓有句话：'病来如山倒，病好如抽丝’，这句话就是讲‘气’呀！所以，你们年轻人，更应该注意养气。年轻时把气养好，身体便得到‘正气’的保护，邪气不浸，故而老年便可长寿了。

我总结这养气要注意‘三不三勤’六个方面：第一，不斗气。不与他人斗争，他人做错了什么，或者得罪了你，保持一笑而过；第二，不泄气。保持心情平静，不管任何打击到了你的前面，保持转身一笑；第三，不傲气。这种气一般有才能的人易犯。古代好多有才之人的寿命却很短，为什么？因为傲气太足，伤心神太重了；第四，勤规律。自己的生活起居要养成规律，动静适度，且不可随性而为之。我们人的这部机器所有的部件每天都在损耗，一定不要打破它的规律，要保养好。第五，勤读书。一个人可以没有文凭，但是不能没有文化，更不能没有涵养。文化与涵养可以从书中汲取，可以从生活中感悟提炼。第六，勤接受。有句俗话‘谦受益，满招损’。我们要把自己的思想当成大海，任何的水源流向我，我都要容纳。那么，作为一个七情六欲的人，别人提出了意见，我们应该虚心接受。接受是一个人的态度问题，采不采用是意见的本质问题，即使不采用只是拿来分析了，便是一种否定之否定。只要是做到了这六点。我想人生是快乐的，是幸福的。”

老师把养生的重点放在了养气上，我觉得很有道理。《论语·季氏篇》中孔子曾说：“君子有三戒：少之时，血气未定，戒之在色；及其壮也，血气方刚，戒之在斗；及其老也，血气既衰，戒之在得。”用现在的话说：人在少年的时候，很容易冲动，这个时候要注意不要在男女感情上出现问题。人到中年，家庭职业稳定了，这个时候想的最多的是什么呢？是谋求更好更大的发展空间，就极易与他人产生矛盾和斗争，结果可能是两败俱伤。所以孔子提醒说：人在这个时期重要的是告诫自己，不要跟别人争斗，要与自己斗，想办法提高自己的素养和修养。而人到了老年，心态就容易走向平和，像罗素说的，湍急的河水冲过山峦，终于到了大海的时候，表现出来的就是一种平缓和辽阔，人要正确对待所得到的东西，这是孔子的养生之道。他讲的是“血气”，即是养“气”，老师的“养气”与孔子讲的养“血气”乃同出一脉，而孔子把“血气”分了三个阶段。

在《皇帝内经卷一·上古天真论篇一》中也有关于养气的论述:“夫上古圣人之教下也，皆谓之虚邪贼风，避之有时，恬檐虚无，真气从之，精神内守，病安从来。是以自闭而少欲，心安而不惧，形劳而不倦，气从以顺，各从其欲，皆得所愿……。”这里讲的“真气从之”“气从以顺”亦是养气也!

看来老师的养生之法是得当的，所以他的身体至今非常的健康！有时候，我们感叹，现在的年轻人，哪里还懂的“养气”呀！总是我行我素，只要舒服就行。

社会发展极快，而我们人类的进化却是慢的。我们胃的消化能力，是否能跟上今天社会各种冷饮的变化？很多的饮料让我们的胃在漫漫的退化，让各种病在年轻人的身上蔓延！高血压，糖尿病，肥胖症让年轻人的身体变的臃肿，变的无战斗力……

健康问题，值得我们思考，更值得我们的国家思考，因为；这关乎到我们中华民族人种的生死存亡！

我们国家的富强，让我国人民的生活条件得到了改善。但我们对营养的摄取应该有一个基本的法度，特别是儿童，不应该是过度的摄取，在两千年前，孔子就讲：“过犹而不及”，从某种意义上讲任何东西过多的堆积，便是废物！所以，我们活着的人生，应该讲究质量。

细思来，饥饿却是我们生存的法宝；没有饥饿的躯体，便没有富裕的精气神！我们中华民族五千多年的历史，一直是在与饥饿做斗争。现在我们基本上摆脱了饥饿，基本上解决了温饱问题，但我们在温饱的面前，却又失去了很多人性的伦理道德！这是很可怕的。

我认为，人在富足的条件下，应该思考文明的法则，思考社会制度的完善，思考教育的重要性，而不是去思考与他国的富足相比较。

事实证明，历史的车轮已经把我们的国家推到了富强的时代，而我们的国民素质应该与国家的富强是配套和谐的、统一的。真正要达到“国富民强”还需未雨绸缪，所以，我们养生便是养体，体健则志强！

岁月穿梭，老师与李霞的感情一天天的在加深。老师像是在等待，李霞也像是在等待。

谁也不好意思的表白，因为年龄的差距还是其它别的原因？我十分的不解。

生活中，等待是等闲事，而爱情的等待却是一份煎熬。记得听过这样一句话：每个人都是独一无二的，上帝造出来，不是让你躲在角落里等待和哭泣，而是要你扬帆出渡，驶向广阔的海洋，尝试各种可能性，开拓美好地人生。

但是，生活中有些事却是必须要耐心地等待：春天播下种子，等待秋天的收获。生下一个孩子，等待他长大成人，鼓励他外出闯荡，等待他疲惫时回家疗伤。

等待，也可以很温馨，很美妙！不同的人，有不同的等待。

有的人在等待一颗真诚的心，等待一句贴心的话。我想老师和李霞都在等待彼此的心吧！

2008 年 4 月 16 日中午，老师把儿子贾浩，大女儿王珺，女婿郑铎；二女儿王玮，女婿寿正旺和李霞的儿子叫在一起，同时也请我参加了这次午宴。

● 2008 年 4 月松阳老师 李霞老师结婚典礼合影

在午宴上，我看到两家的亲人都在。便明白老师的用意。便试探着说："师姐、师兄，师母已经去逝三年多了，老师一个人生活是不方便的，我们作学生的陪在身边也只是暂时的，你们也有各自的事情，不能常在身边照顾。我觉得李霞老师与老师挺合得来，不知师姐、师兄有何意见？今天，正巧你们都在，我把这个事情向大家说说，你们拿个主意。"

我这么一说，大家也心中有数，只是早就看出了老师与李霞二人之间的关系，但是都没有捅破。今天，我向大家捅破了，大家都没有什么顾虑了。

最后，两家的亲人都没有什么意见，只是提出了一些条件；老师和李霞二人都没什么意见。就这样，两人的爱情走向了婚姻的议程。

2008 年 4 月 21 日，老师和李霞正式登记结婚。这对老夫少妻终于结成眷属，家人、朋友和学生们都非常高兴。

● 2008 年孔维阳在松阳老师与李霞老师婚宴上合影

他们的婚礼很简单，只有几桌酒席。宴请了双方的朋友、同学和学生参加，但也其乐融融。

我当时贺老师《无题》一首：

古稀赋情堪风流，谁知红颜意相投。

识得奇缘真趣味，自然相伴已白头。

老师听诗后，沉默良久。他用那严厉的眼神注视着我，仿佛是父亲的一种期望，我手举着酒杯立在老师与李霞老师的面前，真诚的祝福他们的生活幸福和谐！

老师的无言激起了我无限的的遐思。正是：

恩师无言催我进，愚生傲骨追千年。

老师与李霞走进婚姻的殿堂，这一次婚姻是他们的第二次婚姻。加上年龄的差距较大，彼此能否适应吗？生活的质量好吗？要知详况，请看下章分解。

第四章·开张天岸马　奇异人中龙

第四章　开张天岸马，奇异人中龙

老师与李霞结婚后一直过着很平静的生活，没有什么让他们可心烦的事，老师的饮食起居在李霞老师的照顾下变得非常有规律了。不像我陪着他时，早上起的早，晚上不睡觉。

也许这就是婚姻的作用吧！

2008 年的 7 月 18 日，松阳老师电话通知我说：“维阳，我们近期要去趟新疆，你要做好准备。我和李霞、王玮、王静和你一块去。”

听到这个消息我非常的兴奋，以前总是在电视里和地图上看到新疆，这一次是亲自去，有一种久违的感觉。

拿到登机牌时，又是一种忧虑。因为是第一次乘坐飞机，总有一种神秘的感觉。2008 年 7 月 19 日，我们在北京国际机场登上了去新疆的飞机。因坐不相邻，我们五个人被分开了。我被单独排到了后舱的最后一排，还不错座是靠右边的窗户，打开遮阳板，可一览天空的美景。

从起飞到耳朵的“嗡嗡”反映如同音乐，那种感觉是从来没有过的。

飞机的翅膀在云层里穿梭，仿佛是佛主的手在伸开拯救苦难的虔诚者。当飞到云层之上时，透过薄云往下看，时显时无的绿地和村庄，宛如火柴盒大小在脚下溜去。再往上看那碧蓝碧蓝的天空，让我的眼睛刺痛，我无法闭上眼睛，直到我进入梦乡，梦都是蓝色。

平日里在陆地上行走，而今天在空中飞翔，突然脑子里现出一种想法：这不就是跳出世俗之圈了吗？这不就是“三界之门”

● 王玮 李霞 贾松阳 王静 孔维阳在新疆合影

吗？人间、云层和云层之外的太空。

在这里，此时我感叹“三十年人生的奔波，感悟天、地、人之间的差距和美妙，感叹大自然的恩赐。我心灵的那份宁静不再寂寞……

飞机之上，云层之上，我在飞翔。诗意正浓，得其句：

坐上飞机入云端，
巡天遥看戈壁滩。
顿悟一念三界门，
因缘九重是天山。

这第一次乘飞机，一路之上透过窗子看着一路同行的白云，也把自己当作白云。也许这样讲有些飘然，但又细想：我哪里有云的那份潇洒，哪里有云的那份自由，哪里有云的那份随风而行的重量呀！

美丽的天空之景随着飞机的降落而消失，我又回到了人间的“门”前，背起行囊，寻找那心中的天堂。

与云同行是美妙的，与人同行是寂寥的。

下机后，我们被车接上奔第一站乌鲁木齐，在车上，师姐拿着相机沿途拍摄那远处的山脉和景色。老师和李霞老师坐在一起沉默着，我便问老师：“老师，您在一得阁墨汁厂做过设计师，把一得阁墨汁的来历给我们讲讲吧！”

老师微睁眼，笑笑说：“想听一得阁墨汁的故事，好！我讲给你们听。一得阁原来称北京墨汁厂，坐落在北京琉璃厂与‘荣宝斋’相邻。据说它始于清朝时期，一位湖南的谢秀才进京赶考，熟读经书，文采华贵，却两次落榜。自觉无颜回乡见父老乡亲，非常悲痛。他考不上的原因，据说不是因为他的学识浅薄，而是因为研墨时间太长，耽误了答题。这位湖南的谢秀才便寄宿在京城街头，孤苦伶仃，十分可怜。一个偶然的想法：考不上的不止我一人，研墨时间太长还会耽误他人也！不如我进入一个阁楼以研墨为生。到了考期，把现成研好的墨卖给赶考的人，既可糊口，又能为考生们节省时间。于是，他便以卖砚墨为生。

果然到了考期，各地进京赶考的秀才们纷纷到'一得阁'去买墨汁。以节省答题时间。好多的考生因时间充足纷纷考中，便来'一得阁'感谢这位湖南研墨者，顺便还购买大量的墨汁回乡备用，就这样名气越来越大，许多回乡的秀才用完后还要特意进京来购买'一得阁'墨汁。

这位湖南的谢秀才，虽然未能考中，却干了一项大事业。财源滚滚，文人墨客交往者甚多。一日，他觉得此时该'衣锦还乡'，拜见父母。于是，这位谢秀才却把制作墨汁的秘方卖给了在京城中做文化事业的河北衡水姓徐的商人后，便回湖南老家了。

岁月不等人，'一得阁'墨汁享誉国内

● 孔维阳与老师贾松阳在新疆大巴扎合影

外；如今我们也老了……这就是一得阁墨汁的来历。”

老师喝了口矿泉水接着说：“我的第一个设计获奖，便是在一得阁工作时得到的。我当时的厂子里，只是设计一些印刷制作的商标。记得一次在北京搞展览会。我设计的上百种商标被推上文百公司的柜台招来许多顾客。那一天我站在柜台前听取来参观人的评论，学到了好多不足。就在那天，我与失去多年联系的师哥张志忠偶遇了。见到他又想起刚来北京时那难忘艰苦岁月，一股感恩的心情涌上心头。如果不是沉迷与对书画的刻苦研究之中，怎么会与同甘共苦的师兄失去联系呢？今天看来，我失去了极其珍贵的友谊，应该把过去患难兄弟之情找回来！想起师哥背着我在雪夜去医院，想起师哥塞给我钱……”

讲道此，老师的泪涌流不止，车子缓缓前行，我们也沉浸于思考之中。车子突然停下了，司机刘师傅说到了。我们下车，眼前是繁华的街市，直接映入我们眼睛里的是一家清真饭店。刘师傅告诉我们这是一家最正宗的清真风味的饭店，新疆所有的风味小吃都能在此品尝到。

乌鲁木齐这个城市对我来说是神秘的就像维吾尔族的姑娘，全身上下包扎的严严实实，只露出两只大大的眼睛，真是调足了胃口，很难见“庐山真面目”。

走进这家饭店，入坐后我看到菜单有：自制酸奶、手抓饭、烤串、手抓羊肉……所有的食物都透着地道的新疆味道，让我们一饱口福。值得一提的是这家饭店里的女服务员是穿着民族特色的黑色袍子，头上围着不同颜色的头巾。说实话，咋一看有些像修道院的修女，只露出两只又黑又大的眼睛，给人更多的是一种遐想，是一份神秘的美丽。

因为赶时间，这顿饭我们吃的时间不长。下一站我们要去奎屯，车在路上驰骋，给我最深的感受就是不堵车，那一眼望不到头的高速路，穿越在空旷的戈壁滩上，那种感觉真是无法用语言来表达。远处的山脉，还有时近时远变化无常的云朵；路旁星星点点的蒙古包；低头啃着草的牛、羊和骆驼，让我一点一点的陶醉，一点一点的动情……

老师在车里与师姐们谈笑风生，一路上的好景色，李霞老师却拿着相机尽情的拍摄。

那将要西落的太阳不知怎的突然“流泪”了，“泪珠”很大，可能是因为我们这几个不是新疆人到来的缘故，“泪珠”打湿了车窗。我的心在激动，雨中的戈壁滩如此之美，现在终于明白了古人所讲的“东边日出西边雨”诗句的意境了。

这意境是人的心悟，这美景是一种无言的美丽，更是大自然的规律，我得《七绝》一首：

浮云无声遮半天，
佛光有意照松前。
绿色不是无情物，
只缘身在戈壁滩。

老师突然唱起了京剧，是马连良先牛《失空斩》片段：

（西皮二六）我在城楼观山景，耳听得城外乱纷纷。

锦旗招展空翻影，却原来是司马发来的兵。

我也曾差人去打听，打听得司马领兵向西行。

一来是马谡无谋少才能，二来是将帅不和失街亭。

唱到此，老师突然停下来说：“不行了，老了，气跟不上了。还是给你们讲讲我以前的故事吧。维阳，刚才我讲到哪了？”

“讲到你设计的商标参加展览会，遇到您师兄张志忠那里了。”我回答道。

“好，接着讲，有一天，我正在展览柜台前看资料，突然进来一中年男子问‘同志，请问松阳在吗？’。我感到奇怪，这人打听我干什么呢？这人外表看，个子中等，穿浅灰色中山装，圆脸，有几分文人的风度。我便问‘有事吗？’那人急忙从衣兜里掏出一红皮工作证说：‘我是一得阁墨汁厂生产科负责人王永年。’我一看证，果然是一得阁墨汁厂师傅。便说‘我就是松阳，不知王先生找我什么事？’王永年上下打量我一番，惊讶的说：‘你是松阳先生，这么年轻！在我印象中，最小也要四五十岁吧。’我告诉他，今年整整三十七岁，王永年喜出望外的说‘好’！王永年把我请到一个清净的地方对我说：‘我们一得阁的张英勤书记是一位事业心很强的人，想让墨汁冲出亚洲，走向世界！可墨汁质量没问题，就是包装设计方面欠缺功力，这次让我来单独找你，是希望松阳先生到我们那里去工作。’听他这么一说，我觉得很奇怪，忙说：‘我能行吗？你们为什么会请我去？’王永年很认真的对我说：‘松阳先生不用客气，我们一得阁墨汁厂真需要像你这样的青年。如果先生同意，其他方面的手续您就不用管了，一切有我们出面办理。’

当时我有些犹豫。因为我很清楚，我自从几个成功的设计打响后，京城业内人士都知道我的名字。许多人对我用书画基础设计出来的商标很感兴趣，我当时提出把设计创作融入书法、绘画、装裱为一体的理念，创造了独特的设计风格，使消费者一看商标就喜欢购买商品。这事现在想一想，又算什么呢！

那时，北京商标二厂的领导对我也很关注，他们通过上层关系，准备给我办理组织关系手续。其实我的档案已经调走，决定让我当商标二厂设计室主任，就差组织关系没走了。对我来说，主任不主任我并不感兴趣，商标二厂总比现在的印刷厂更贴近书画这一行，所以我面对王永年的诚请，能不犹豫吗？只好说：‘我正负责展览，现在怎么成？’王永年一听我这么说，便有些着急了，他说：‘松阳先生，我们是真心实意的请您去的，平常，我们与国外的书画家都有交往，更有利于您发挥自己的专长。去不去，您可要想清楚！’此时我心想，能搞些书法和绘画，这是难逢之事呀。王永年接着说：‘我们那里多的是墨汁和广告宣传色，您去了随您怎么用都可以。’我便答应了王永年去一得阁。但我印刷厂里有一些工作要处理一下。没有过多久，我便去了一得阁墨汁厂工作。”

去了这厂里工作，张英勤书记曾对王永年高兴的说‘松阳是个很有前途的人，我们一定要用他，让他挑大梁，发挥他的特长，把咱们厂一得阁墨汁打向国外去，他有什么要求一律答应照办！’一得阁墨汁厂是进来了，当时我并没有过高的要求，只是希望调过来后，给一个宽松的环境，多用些墨汁书写，画画……现在想起来，那时的心真是纯正，不过那时的人也和我一样没有那么多的歪心。

厂子里的一些人开始议论：‘松阳这个人武功好，不显露，还能设计……’人们的议论，给我的人生增加了一些传奇色彩。仿佛我成了一位了不起的英雄，文武双全的武功高手。三天之后，当我穿着一身破旧的工作服不声不响地来一得阁报到后，把那带有光环的议论完全给击碎了。

我把厂里的各个环节的活，都尝试着做了一遍，特别是搬运墨汁，每搬一箱，我都要认真观看箱面的设计，从文字到图案。我细心的推敲着如何改进商标设计，用什么样的款式和字样更美观、大方，才符合消费者的口味，如何能冲出亚洲，走向世界……

从厂子里的上层领导到下层工人的目光中，我认识到了一个问题，此地乃藏龙卧虎之地，因与国内外书画名家常有往来，这里的人世面见的大了。而我这个后辈轻轻走进来，一头扎进基层从头做起，定有些人说三道四。但我的内心深处清清楚楚，明明白白。我要了解一得阁墨汁厂制作的整个工艺流水线后，才能对这个厂子有一个深刻的认识；知道了外包装、瓶装的样式后才能想出改造包装设计办法。当时的心里一直警告自己：一定不辜负一得阁墨汁厂领导对我的厚望，一定要设计出好的商标，让一得阁墨汁名扬天下！这不仅仅是一个墨汁商标设计问题，而且还关系到了一得阁内外的那些知名书画家们的信誉。他们用惯了一得阁墨汁，若因墨汁问题影响了他们及消费者的社会名誉，我能担当的起这个重任吗？

一个周一的上午，张英勤书记把我叫到办公室仔细问了我的生活和住房的情况后，便向我讲墨汁的出口问题。张书记说了墨汁的质量可靠并且‘一得阁’有良好的社会信誉，但就是外包装的设计过不了关，无法打向国外的市场销售。他对我说，不管采取什么样的办法，都要设计出独特、新颖，国内外认可的商标和包装来，再显一得阁墨汁的优势。

我知道张书记心里着急，我向他表态：‘请张书记放心，我一定在您规定的时间内拿出方案，让您满意。’

张书记听我这样说，又补充道：‘过两天外贸轻工进出口公司要看样子，如果能早定下来，将是一大笔出口数额。松阳，时间算起来只有三天，能否设计出来？’

‘尽量设计出来。’我平静的回答道。

‘三天能出来？’张英勤书记感到惊讶。

‘估计差不多！’我说。

老师讲到这里，我一看表 11 点 20 分，我以为表不准了，便问师姐，师姐说这有时差，我把这茬给忘了。

此时我记的托尔斯泰曾说过：“一个人若是没有热情，他将一事无成，而热情的基点正是责任心。”

沉重的任务，仿佛一块石头压在松阳老师的心上。他有一个习惯，只要接受了任务，就全神贯注地沉下心思考起来。自从来到一得阁后，他住进宽敞的办公室，设备齐全，非常适合于搞创作。明亮的窗子，又大又宽，阳光照射进来，整个屋内十分温暖。松阳老师的责任心，使他忘记了他的家庭。夜深人静，他反复在室内转起圈来，心里思考着如何能使一得阁得墨汁一炮在国外打响，一炮在国内引起更大的轰动。

一切在时间的面前变的美丽，变的没有规律，打破了思绪的严密，感受着新疆的自然空间，让我们的身心变得渺小，变得不由自主……

“老师，您先休息会吧！”我说道。

很快我们到了奎屯，稍息片刻，我们却又被另一路朋友请上车，拖着疲惫的身躯，继续向精河前进。此时的天渐渐黑了下来，云也由白色渐渐变为深色，因为兴奋大家没有困意，边走边赏路旁的风景。走到精河宾馆天已经完全黑了，这里的街道很平整，因晚上的缘故看到的人很稀少。这里的朋友非常好客，晚上宴请我们一行人。

● 贾松阳老师和弟子们在新疆博乐市蒙古包内合影

丰盛的晚餐，让我们的疲惫荡然无存，蒙族的歌舞让我们初到的客人陶醉，雪白的哈达缠住了我们激动的心，这里的人啊！用朴实的方式招待了北京的人，这里的景呀，用自然的美征服了游人的心……

我沉浸在这旷野的黑夜里，我的心不时的徘徊！不知是几点睡着的，一觉醒来已是八点，匆匆吃过早点，便踏上了下一站更美的赛里木湖。听朋友讲，腾格尔的《天堂》歌词，就是来到这湖边后产生灵感创作出来的，给这里增添了一份神秘的色彩！

突然在拐角处看到了一个敖包，便问起来历。朋友讲，这就是乾隆年间东突回国后的一部分人被安置所在地，其后裔还在。有部电影叫《东归英雄传》就是讲这个故事。

这电影我看过，影片的主人公那种爱国热忱是多么感人！他们回归的路途是多么艰辛！我在思考那些组织回国的前辈们，若看到祖国今日的强盛，应该是欣慰的。他们的血没有白流！他们是历史的创造者，是民族的英雄，我们要用一刻真诚的心来讴歌他们的事迹，不能让后人忘记！看着远去的敖包我所思：

踏上云层向天山，
飞速已渡戈壁滩。
问君此生何所是，
东归美名英雄传。

车子突然停住了，对面看到了大大小小的蒙古包，就像山东的大馒头。他们之间用实木板连起来，方便走路。我们被朋友带到最大的一个包里，里面铺着毡子，脱了鞋方能进去。对着门的方向挂着“一代天骄”——成吉思汗的像。我们席地而坐，正宗的吃了一顿“蒙古大餐”，不知什么缘故，所有的人言语很少，只是用一种特别的眼神，审视着这间古朴典雅的蒙古包。而成吉思汗的那双眼睛更显得神秘，他看着我们所有的人，那种感觉像

● 孔维阳与贾松阳老师在赛里木湖畔合影

是神的沉默，让我们的心在跳动。那包壁上挂着的弓箭已变成一种装饰品，也早已丧失了它当年做武器的意义了，唯独挂着的那把马头琴还能发出历史的声音，让后人聆听民族兴衰的乐曲。

饭桌上的美食让人难忘，那大盘的手抓羊肉散发着美仑的香气，与马奶酒混合一起让我们陶醉在这美丽的蒙古包里……吃完饭，我们驱车进入赛里木湖，那广阔的水面如一面明亮的镜子，映影着白云蓝天和远处的雪山，随风起伏的朵朵浪花，吟唱着草原的辽阔和寂静。我拾起一块石子，抛向湖里，用这种方式告诉湖神：今天我们来到了你的怀抱，感受到了你给我们的神交，聆听你神秘的声音。真是：

碧波闪闪映白云，
天水一色聚龙神。
洗去丹青孤独色，
浪花朵朵笑迎人。

● 孔维阳与贾松阳老师在中国与哈萨斯克坦国界碑前合影

看着静静的湖水，我与老师照完合影。老师与我坐在湖边小憩。

“老师，接着讲您的故事吧！”我对老师说。

“讲到哪里了？”老师问我。

“讲到您向张英勤书记承诺三天设计出稿样了。”我回答老师。

老师的眼睛凝视着远处的雪山，似乎在思考什么，也许那种凝视是他对自己生命的一种阐释。一个有生命力的作品，它能随着时间的流逝而不消失，这便是艺术家的精神所倾。老师设计的“中华墨汁”至今不衰，可见其魅力所在。

“那时虽然承诺了张书记三天设计出稿样，但设计出来没有什么，关键要合格，要让那些做贸易的专家相中，这是个难题。

我带着这个宗旨去思考稿样的初稿。沉重的任务，仿佛一块石头压在我的心上。夜深了，才想起这两天没有回家，我反复的在室内转起圈来，突然，我看到了报纸上刊登了一幅‘鹰’的画作，此时想到了毛泽东“鹰击长空”的诗句……如果我把这雄鹰做入图稿的中间，再配上当代名家的文字作品，让这只雄鹰带着“一得阁”墨汁冲出亚洲，飞往国外，再取一个代表我伟大中华民族文化的有气节的名字。此时我想到了天安门、天坛、八达岭、故宫……这些都是我中华民族值得骄傲的古迹啊，对，就叫‘中华墨汁’吧！这代表着我中华民族的智慧！这是我们民族的自豪！

就这样，在这样的环境下，我的初稿已经制成，兴奋之极，睡意不再。内心深处有一种说不出的喜悦，但是担心明天的交稿会不会通过。

清晨，太阳的光芒四射，晨风拂来，夹杂着早点的味道，让我的心有些沉静。说好的八点去外贸轻工业进出口公司，张英勤书记已经到了。我简单吃了早点，带上了样稿，我与张英勤书记骑自行车来到外贸轻工业进出口公司，负责接洽的人叫刘惠生。还没等我们坐稳就问稿子设计出没有，张书记回答说已经设计出

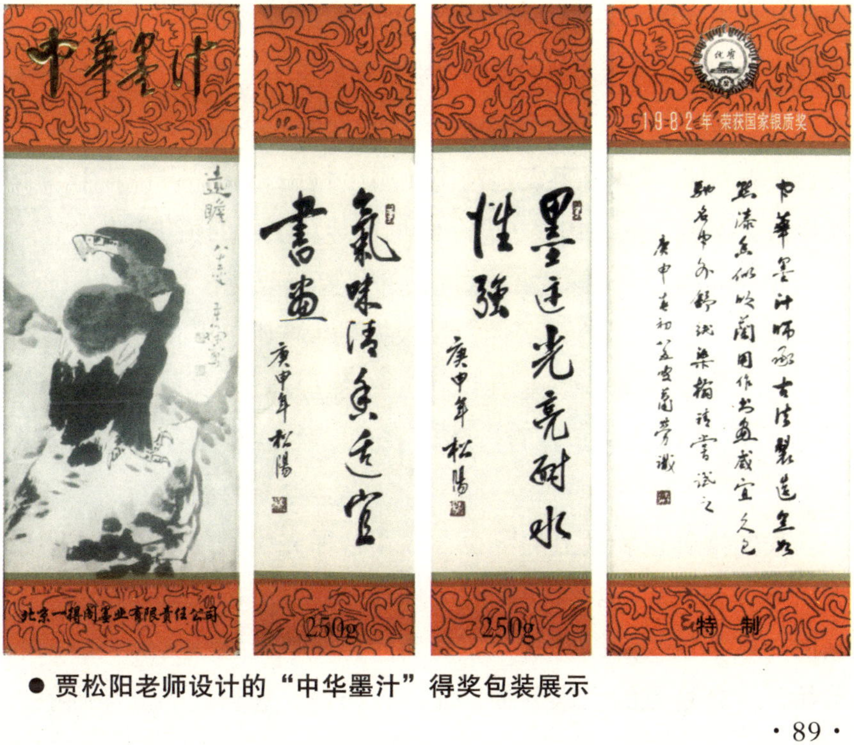

● 贾松阳老师设计的“中华墨汁”得奖包装展示

来了，并把我介绍给刘惠生。

刘惠生说：‘早知松阳先生大名，我就放心了。’

我便回答说：‘刘先生过奖了，时间太紧了，不一定能达到你们的要求，您先看稿子，不成回去再修改。’

说着我从包里拿出设计图样，展开铺在茶几上，我介绍说：‘这个包装盒的主色是红、白、黑；附色为金色；结构分上、中、下三大块，每一块用金线分隔；上口 5 厘米为红底，红底又配灰色图案，正面金色字书‘中华墨汁’，背面是 1982 年荣获国家银质奖章；中间 10 厘米为白底，正面为李苦禅八十二岁所画国画《远瞩》，背面为萧劳先生八十五岁为中华墨汁的评语，两侧面为我书写墨汁性能之语。下口 2 厘米为红底，正背为黑字‘北京一得阁墨业有限责任公司’，背面标‘特制’二字，两侧面为‘250g’。

因为这个包装设计是直接按瓶装设计的，宛如一瓶真的墨汁立在那里。刘惠生看到并听到我介绍后说：‘清丽高雅，风格独特，十分奇妙。令人看后心旷神怡。特别是中间部分，黑白分明，既严谨，又宽松，雅俗共赏，使人感到这是一幅立体的字画。好！太好了。设计的画面也好，文字表达清晰，整个构思精美，名字寓我中华文化永久不衰，的确代表了我中华民族传统墨汁的精华！’

我便问他：‘刘先生，这个设计还要修改吗？’

他说：‘不用修改了，你们投入批量生产吧，我们全部包销。’

刘先生拍了板，张英勤书记心中的这块石头算是落地了。此时的张英勤书记用惊喜的口吻问我：‘你是如何有这样的构思的？’

我便指着包装盒上的鹰说：‘李苦禅先生是国内外书画界的大名家，很受欢迎。我想此时应该抓住观赏者的心中审美去设计画面。这不仅仅是一盒墨汁瓶的装潢，应该让它成为欣赏者的收藏品，古朴稳重的大家名画，显示在眼前。想得到名家字画的人很多，但此时的名家字画用装潢设计的手法展现在一瓶墨汁的外包装盒上，使这一部分人心理上得到名家书画的享受，而另一面是萧劳先生对中华墨汁的评语，既向世人说明了墨汁的性能，又是一幅美妙的书法作品。我写的那几个字，确实是沾了名家的光，只是在设计上比较合理，形成了装潢的雅俗同光的效果……’

我的这番阐释，让张英勤书记和刘惠生听的入情入理。刘惠生说：‘松阳，能否求您墨宝一幅？’

我当时觉得不好意思，心想：这京城云集的书画名家甚多，自己只不过是一个业余书法爱好者而已，怎敢轻易拿拙品馈赠朋友呢？

想到这里我对刘惠生说：‘刘先生抬爱，现在的作品的确拿不出手，不过请您放心，等我认为自己的书法可赠友人之时，一定用心创作给您满意作品。’

刘惠生看我说的肯切，用祝福的口气说：‘一言为定，盼望贾先生早日名扬京都，誉满神州。’

‘谢谢刘先生吉言，不过我在学习书法之路上有了自己的座右铭，今请先生指教可否？’我说道。

刘惠生和张英勤书记一愣，刘惠生说：‘愿听其志，向贾先生学习。’

我便说：‘绘事法书须继承，岂期谋利与沽名。’

二位听后，拍手叫好，刘惠生说：‘贾先生之言，可见其鸿鹄之志啊！’

张英勤书记此时打断了我们的谈话说：‘时间不早了，我们该回去了。’就这样我们辞别了刘惠生回一得阁去了。

不久，大批量的中华墨汁畅销于国外市场，产品供不应求。这是我未曾想到的一种局面，因我的一个简单设计，能给一得阁带来了勃勃生机，而我的人生也随着有所转机。

雪片般的求购中华墨汁的信函飞往我们厂，还有的来信寄钱请求我赠送墨宝。更有意思的是请求收藏包装盒上面李苦禅先生的‘鹰’和萧劳老师的字……总之，中华墨汁在市场上产生了一次大的冲击波，国内外引起了轰动，一得阁厂在很短的时间里，斐扬海外。我抑制住内心的喜悦，努力学习工作，争取设计更好的产品包装来。

突然有一天，设计室走进一位老人，看上去年过半百，中等身材，气宇轩昂，一看便知是文人墨客，手里提着一个黑色皮包。我赶紧起身相迎，笑问：‘老先生，您找谁？’

老人微笑着，很有礼貌地说：‘松阳在吗？’

‘老先生，您是……’我不惑的问道。

‘刘博琴！’老人说。

一听名字，我非常的激动，便说：‘刘老师的大名如雷贯耳，却不曾见得一面，学生正是贾松阳，请坐，请坐。’

刘博琴稳坐后，从黑色皮包里拿出一瓶中华墨汁的空盒问：‘这是你设计的？’

‘学生不才，望请刘老师赐教！’我倒了一杯水端过来放在桌上回答说。

刘博琴非常谦虚的说：‘一得阁是我常来之所，今看到一得阁能有人设计出如此美的商标、图案和包装盒，今特来向你道喜。’

我一听这话，倍加激动！因为刘博琴先生是北方篆刻界的大名家。他的篆刻风格独特，深沉中见秀气，清丽中见奇巧，丰满圆润；布局巧夺天工。结构天衣无缝，许多的书画名家之印，都是出自他手。而且，他对欣赏匾牌更有一套理论体系，在当时，他被封为‘北方第一大篆刻家’的称号。我对刘老师是早闻其名、未见其人。而今不仅见着了，还能得到他亲自登门道喜，真是激动不已。

忙答道：‘刘老师过奖了，在您的面前不敢造次，我设计的那些商标、图案和包装盒，不尽完美，还有很多的缺点，请您多多指教。’

刘博琴对我说：‘你的设计，构思独特，从中可以看出你热中于扩张心灵里那些最朴素、最细微的感觉，这也正是你对艺术感悟的形态反映，而你书法之气，更透出了你字外功的精神修养。希望你能坚持下去，特别是书法的练习，将来会有大成，我准备刻一套印赠与你，作为纪念。’

我忙说：‘刘老师是国内篆刻界的前辈，能得到您的制印，学生三生有幸！学生在此鞠躬感谢。’

送走了刘博琴，我内心思考着他讲的一席话，真是没想到刘博琴先生能为一个小小设计来专程见我，还要为我制套印章。我越想越不安，自己有什么成就呢？感到渐愧。一点点小的成功，不足挂齿。此时暗发誓言，一定要学有所成！

正在思考中，张英勤书记外出开会回来，一进门便高兴的喊：‘松阳，告诉你一个好消息！’

我问道：‘什么好消息？’

张英勤赶紧从包里取出一份精制的证书，边打开，边高兴的说：‘你的设计获得国家著名商标的称号，这是我厂的特大喜事，你为一得阁立下了头等功。今天，我请设计室的所有同志去馆子里撮一顿！’听到张书记这样说，顿时设计室里爆发出一片掌声。”

松阳老师讲到此时，兴奋的露出了灿烂的笑容，仿佛又回到了那曾经奋斗过的一得阁。

其实老师的这段人生之路用“开张天岸马，奇异人中龙。”来描述更为贴切。我坐在车上，车行驶在美丽的草原上，草原上的湖水随风歌唱……

与湖为友，与人相伴，天地相连，相互合影，又形成了一道美丽的风景。我们到了成吉思汗的点将台，站在点将台的敖包中，用心聆听当年这位“一代天骄”征服世界的跌蹄之声，用想象感悟那“落日照大旗，马鸣风萧萧”的悲状出征场景。可此时已无仰天长嘶的马鸣，看到的是傲包前堆起的石头。小雨一直在下，我迎着小雨跑向远处捡起一块石头，放在了石堆上，为成吉思汗祈祷，为蒙古人祈祷，为中国人祈祷，为天下人祈祷，祈祷万福普照到每一个人身上。

因小雨的缘故，我们在这停留的时间不长，然后我们围湖一圈，突然在回来时，雨下的大了。湖面在雨水的刺激下荡起了波浪。我们感到了一丝的凉意。雨慢慢的停了，天空出现了双层的彩虹，像是搭起的一扇七彩的门。

朋友说，这样的彩虹好几年都没见着了，那彩虹后面的雪山，静静地望着我们，我们欢呼，它却无言。就像松阳老师一样，静静地看着我们，他却沉默于车窗旁。是思考，还是酝酿书法艺术的超越？还是幻想这个世界对书法艺术者的理解极限？若知其中妙，且看下回文！

● 孔维阳与老师贾松阳在新疆阿拉山口边防哨所合影

第五章·巨笔万古秀 意念创新篇

第五章　巨笔万古秀　意念创新篇

悲剧主义哲学家叔本华曾说过："生命乃是痛苦，只有哲学和艺术才能帮助人类解脱痛苦。"我们不必计较这句话是否是普遍真理，然而与中国道家思想却是融合的。

几乎所有的书法家和书法爱好者都企望找到那把开启书法艺术之门的金钥匙——书法之"道"。永字八法、笔墨纸砚、卫夫人《笔阵图》，欧阳询《传授决》，康南海《广义舟双楫》，对立统一规律，有意味的线条，白与黑的交融……这些都是书法的"道"，也都不是书法的"道"。因为"道"在每个人的心中，在每个书法家和书法爱好者的心中，在每个时代的生活中。

这绝非是怪谈大论。如果每个人心中的"道"都一致，那么怎么会有二王体、颜体、欧体、板桥体乃至毛体呢？如果每个时代的"道"都相同不变，那怎么会出现秦篆，汉隶，出现晋尚韵，唐尚法，宋尚意，明尚态、清尚怪这种每个时代的不同特色呢？所以，《老子》第一篇便告诫人们："道可道，非常道。"而深谙老庄思想的孙过庭在《书谱》里亦有体会："夫心之所达，不易尽于名言；言之所通。有难行于纸墨，粗可仿佛其状，纲纪其辞，冀酌希夷，取会佳境。"

不难看出，书法的"道"是变化的，是随时代变化的，是随人性而变化的。那么松阳老师，在探索书法"道"的道路上又是如何把握的呢？他书法艺术的成熟又体现在哪些方面呢？带着这些问题，我在这章重点讲松阳老师的"巨笔书法"和"意念书法"艺术的精髓。

松阳老师的书法艺术中，总体现着标新立异，他总是想打破传统建立全新书法格式。我首先讲松阳老师的“意念书法”。

“山、憨、巅、静、龙、昇、寿、之、情、佛”十个字是松阳老师所创作的意念书法作品中最有代表意义的，他在酝酿和创作意念书法过程中，书中之意念是活动在他头脑中的一种审美意念，或称审美理想。书法作品创作完毕，书法的艺术形象已产生。意念则隐蔽在书法视觉形象的背后，显露在作品之中，成为一种可以意会、想象和领悟的东西。尽管它显得较为抽象和虚化，但正因为它有“玄之又玄，众妙之门”的感觉，才使得意念书法的意趣更臻于高妙，富于魅力。松阳老师所创的意念书法作品可谓“理隐而意深”。那么，意为何物？又何为意念呢？

唯物辩证法把大千世界分为物质（存在）现象与精神（思维）现象两大类，思维与存在的对立、主观与客观的对立，被黑格尔称之为“最高的分裂”。

“意”，属于精神的范畴，它不是唯心主义杜撰的那样，是上帝的“绝对精神”，神秘不可捉摸，“意”，是人类思维活动的结果。人类的思维活动产生思想，即意，或谓之意识，有系统的思想便是理论，即所谓理。故意受于思，理寓于意。意是可以把握的。“羁鸟恋旧林，池鱼思故渊”，这当中有意；‘不为五斗米折腰，弃官归隐，是渴望解脱’之意；“春蚕到死丝方尽，蜡炬成灰泪始干”，为忠贞不渝的情意；“项庄舞剑，意在沛公”，是一种凶险的恶意，至于“劝君更进一杯酒，西出阳关无故人”，其中挚友惜别的失意更是溢于言表。人生在世，升降沉浮，悲欢离合，思维正常就会心存感慨，发而为思，蕴而为意。

松阳老师早年练习“形意拳”，他从形意拳里悟到了书法的“神魂”，并用书家独到的智慧创作出了“意念书法”。

意念书法是一种由外而内，再由内而外的表情达意的过程。松阳老师是从自然气象、社会现象或心理现象中截取了美的要素，

孔子云仁者爱山爱山者因山有坚定不移的骨气和信念顶天立地在风雨雷电前昂首巍立又为万物之最平原见山有五岳之尊海洋湖泊见山知伟岸和非凡书法大师贾松阳以意领气挥毫为佛山艺碑书山字其中蕴八仙过海之意万慧光明净

● 川北西溪诗人赵金光撰文

憨乃心之敢貌似愚钝实为朴厚憨者言直且爽意真且实乃民族之脊梁吾之益友也此意念之憨字心形若山势连绵质地有金石之坚敢象如佛似仙意存佛祖观音共渡民众之难意象俱全碑之憨字显松阳大师艺术造诣可谓人间书法之极致也

●菩萨巨笔山庄—陈建文撰文

巅高山之顶高耸入云与日月为伴藏云雾之中人生亦有巅巅在心中德如巅义如巅道中巅此乃万世之巅松阳大师平如修巅于心远物远名远利此人之巅也吾生也晚吾学也浅一生逐巅而行虽有坎阻其志不变始知巅实非山顶为佛义之精也

● 中国著名作家—徐恒进撰文

碧海金岸浪滔滔京岭雅屋静悄悄达山曲声藏古韵江畔雪月灵娇骄仙鹤游天静艺高神鱼巍巍蓟门跳书山墨海悟之春云居狂风乐逍遥天池落下一仙女雪月西楼静俏奇诗情画舫君奉献今生有缘难分离今日是王静同志四十二岁生日作诗

●著名书法大师松阳—江南小镇诗作

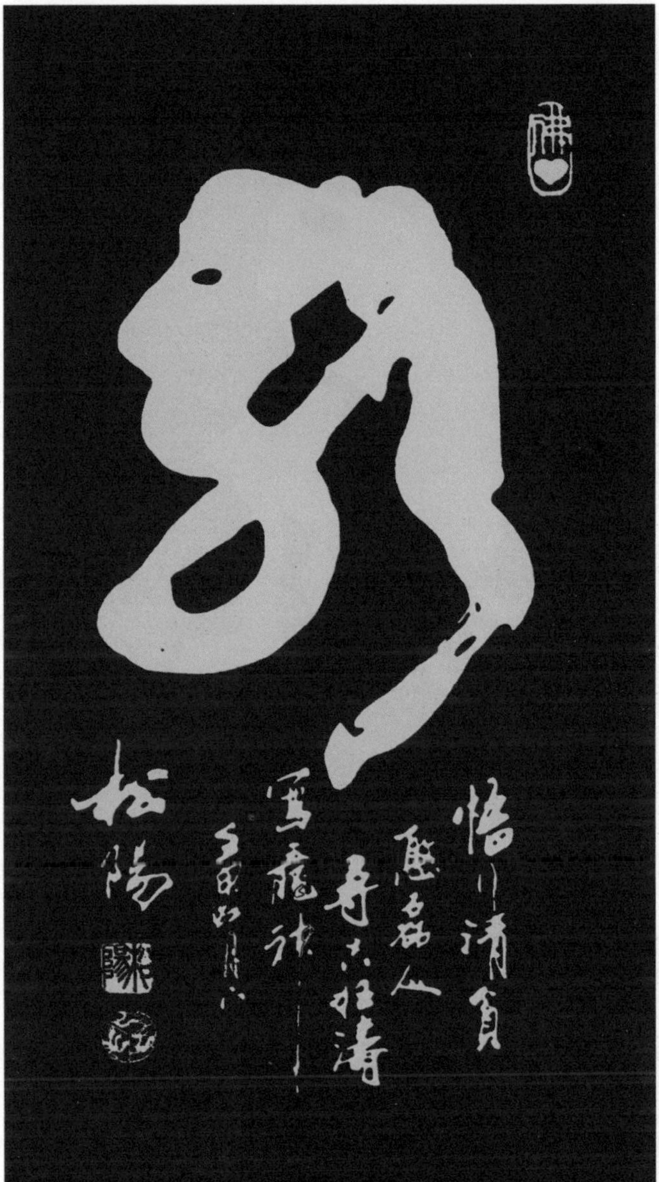

古人云有龙则灵灵者涵天地精华乃至高形态书法大师松阳则与龙结下大缘九次巨笔书龙震动乾坤其势翻山移海其气直冲九天其力使银河倒悬玉帝惊呼灵宵吞没意念书龙是先生心中之龙是祖国之化身抬笔直飞苍穹迎朝阳降福天下

● 东海书画会理事—赵柏月撰文

大松沐南山之露而生穿岩御风融霜化雪显铮铮铁骨示高风亮节阳浴东海之水而出凌宇冯虚驱云澄雾洒漫天金辉惠大地苍生升字蒙天地之恩而书起笔西柏坡挥洒中原落定於京城大慧寺先后九个巨字唯此为意念之创卓而不群瑰奇蕴藉

● 广播电视大学教授—张继缅撰文

寿人皆望长寿昔彭祖寿八百文王九十七乃终今后非不能也书法大师贾松阳先生善书寿字并创意念书体其字形如南极星君头长大而隆起道骨瘦而仙风飘其字神可凝魂聚魂力劲千钧似南山松若泰山石令人击节叹赏非上品书家不可为

●中国著名剧作家—张永和撰文

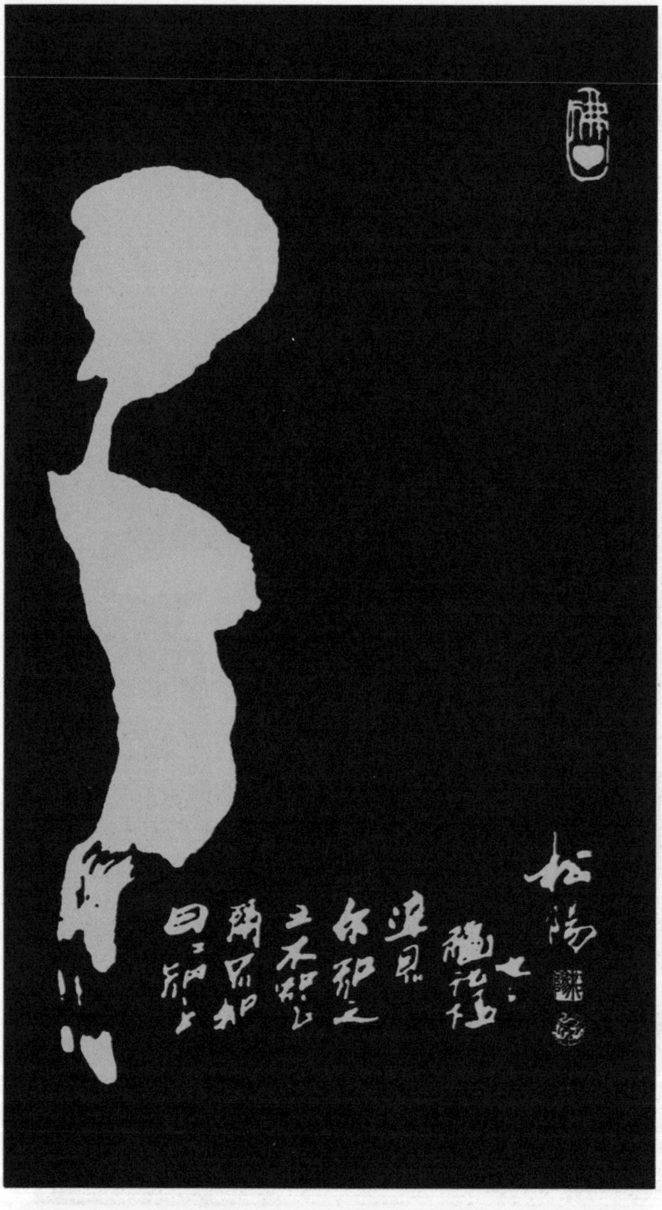

大凡世间红尘唯佛能悟之唯禅能定之之字如水无色无味然唯其此才更具禅意著名松阳大师以狂笔称世其书挟风带雨如闪电经天如惊雷滚地然其意念所书之字大味若淡大巧若拙大智若愚然妙趣内敛玄机尽藏无穷禅理尽在意悟之中

● 著名散文家—王平君北京撰文

佛梵文佛陀之谓也其教义博大精深传之中土两千年矣书法大师松阳先生非佛门中人有圣佛之诚多年修炼于画室巨书字于名山造型之大构想这妙世人称奇佛本与天地山川同在与时间光阴共存今书之于碑得永恒之真谛传真善于人间

●著名作家—黄国柱撰文

然后在深入的内心感受上，进一步调动思维，提炼、酝酿成具有高度美感价值的意象或意念，以撩起自己的创作激情。当情意正浓，灵感达到高潮之际，他凭借对笔墨的驾驭，塑造出书法的艺术形象，意念书法作品便诞生了。

从外界的景象到松阳大师头脑中意象的酝酿，再整理成书法的艺术形象表现于纸上，经过了由外而内，再由内而外的转化。即物——意——文（念）的双重转化，这便是完整的意念了。意念书法的此种“虚化”的“无象之象”，故常常给人以“只可意会，不可言传”之感。

意念书法，意义深远。探其来源，并非虚无缥缈，无所秉持。研究古代书论，揣摩古人名迹，都能喻其意，得其念。

师法造化，垂成自然，情随景迁。所谓“登山则情满于山，观海则情溢于海”，“悲落叶于劲秋，喜柔条于芳春”。眼观万物，思绪纷飞。王羲之见浮鹅划水悟其书意，怀素闻涛声而悟书意，唐太宗思义旗而增笔力。诸如此类，皆得力于深悟自然景象之妙理，从气韵生动的自然界提取养料。面向社会，热爱生活，在丰富多彩的社会生活中提炼其意。“仰观宇宙之大，俯察品类之盛”，曲水流觞，情趣盎然，正是生活的旋律扣动了王羲之的情怀，书意洋溢，于是“天下第一行书”——《兰亭集序》问世。

书法艺术，古人又称之为“心画”，是最善于表现人类高尚品质和时代精神的高级艺术，张怀瓘《文字论》说：“文则数字乃成其意，书则一字已其心。”书法表现人的思想意识，可以说是最径直、最方便的了。王羲之《书论》说：“夫书，大须存意思”，“须得书意转深，点画之间皆有意。”明确了书法所具有的独特性之后，“观其相（形象），可识其心”（即意），我们便可因象求意，进一步了解松阳大师的意念书法是什么了。

就拿松阳老师创作的“母”字来说。这幅意念书法简单二笔，却道出了母亲的伟大，母亲的艰辛，母亲为孕育孩子，为保护孩子宁愿把自己的脊梁压弯……真的，当我们看到这个字的时，觉得不像字，而是一幅简单的画，而明白了这画的意又觉的确实是这个“母”字，也许单独的写个“母”字并不能感觉得到什么，可经过松阳老师的意念创作，这个字让每一个人都感到母亲的那种难言之苦，那种为儿女牺牲一切的精神。这幅作品的右边是松阳老师提款，诗曰：

“碧海水深三千尺

不及天下父母情。”

这就是意念书法的真正魅力，这就是松阳老师对母亲的理解和诠释！这就是书法的最高境界：既是字又是画，是形而上的意识形态。松阳老师大哉！意念书法深哉！

而松阳老师的“巨笔书法”更是让人难以阐释。

神、龙、舞、春、洲、虎、昇、归、佛是松阳老师所创巨笔书法代表作。他在 1996 年为迎接香港回归所写的那个“归”字堪称世界之最，它高 97 米、宽 49 米，用墨 6000 余斤。笔蘸饱墨重 280 余斤，老师用了九天九夜的时间才得以完成。这一世界奇观的诞生，开创了老师创作大字的划时代的最高峰。如今，巨笔“归”字已经被镌刻在了天桂山的峭壁上，中华民族历尽磨难、海纳百川的胸怀，九九归一、穿越漫长、深远、波澜壮阔的历史长河，散发着永久的馨香。

什么是巨笔书法？要弄清楚这一问题，我们可以从书法艺术的艺术形象中去寻求根据。

书法形象相对于其他造型艺术，如绘画、雕塑和表演艺术（影视、戏剧、歌舞等），则更是具有简练与高度的抽象性。《老子》中说：“大器晚成，大音希声，大象无形。”书法的艺术形象正是这样的“无形”和“大象”。它经过所谓的双重转化，其形象

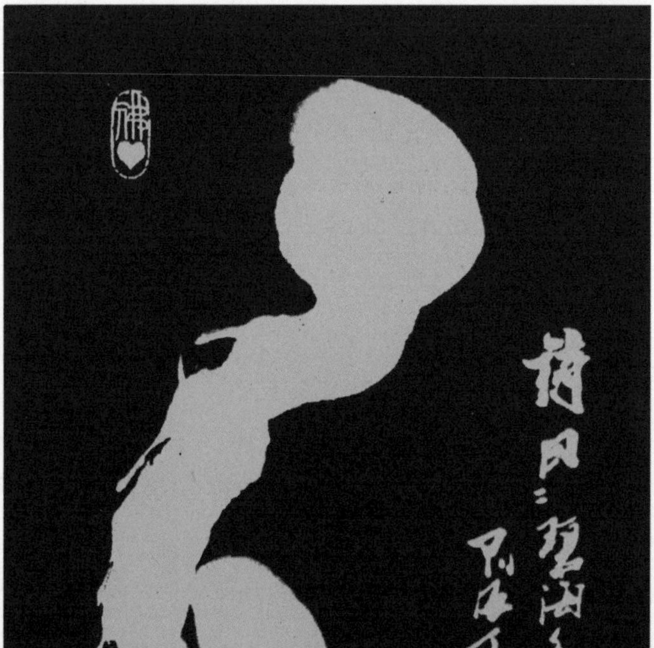

● “碧海水深三千尺 不及天下父母情”

松阳大师意念书法“母”字

已不是对客观情貌的如实摹写，而是更加抽象，更见“虚化”。所谓“玄妙之意出于物类之表，幽深之理伏于杳冥之间”。由于书法形象不务于客观现象、人情世态作如临其境、如睹其状、如闻其声的刻绘，故它是一种无状之状，无象之象，有时可以“批封睹迹，欣如会面”的如痴如醉的感觉。

巨笔书法是松阳老师把意念书法的奥妙升华的另一种意的形式的表现。古人云“书如其人”，生活磨砺造就了他的豁达，山川游历开阔了他的视野，最终造就了松阳老师的“飞椽走巨笔”的创举。巨笔书法的创作活动是一种扩张释放自我的思维活动，而古帖上的遗迹都是无声无息、静止不动的。一幅震撼人心的书法作品，无论古今，都是主观与客观的统一，我在意念书法中提到“观其相，可识其心”。古人学书，深知“朝夕谛观，反复揣摩”，专心既久，悟其用意。而松阳老师面对书法艺术中前人为我们留下的丰厚的遗产，跳出一般书者的悟意能动地发挥想象力，去推测和揣摩古代书家大脑中的精深书意，让静止的古迹和碑文在自己的脑海中活动起来。这才达到了他一生追求的“因象求意，化象为巨”直至得意忘象的提升。如果学古人，只停留在摹其形而不图其意，那么古人为我们存留的精彩遗篇将成为毫无生气的“老黄历”，松阳老师的巨笔也无从谈及了。

那么如何从古迹中吸取运动的巨笔书意呢？项穆《书法雅言》说：“书法乃传心也。”“书之心，主张布算，想象化裁，意在笔端，未形之相也；书之相，旋折进退，威仪神采，笔随意发，即形之心也。”所谓未形之相就是骚动在老师大脑里的“巨意”（大意），即形之心，是包含在书法形象里的书意。因此，书意贯穿着巨笔书法创作的全过程，作用于巨笔书法的各个环节。

卫夫人《笔阵图》云：“若执笔近而不能紧者，心手不齐，意后笔前者败；若执笔远而急，意前笔后者胜。”近即低，远即高，

一九八二年书法大师松阳遵胡耀邦总书记之嘱书写了精神二字逐璜其家又为军队书写巨体神字是天下第一巨书之始擎天裂石绝千古而撼今人易曰观乎人文以化成天下人文便是精神文明神字意简涵深写出了中华民族五千年之魂魄

●松阳大师弟子—柏月丁丑撰文

龙者中华民族图腾之象征炎黄子孙崇拜之圣物我国著名书法太师松阳先生寓东方巨龙神州腾飞之意韵颂小平同志改革开放之宏业六书其字显龙走云飞之象呈气吞八荒之势名播四海今又新书巨龙刻碑是为盛世锦上之花美中之胜也

●著名文学评论家—黄国柱撰文

一九九七年七月著名书法大师贾松阳先生为河北企业挥巨笔题行楷舞字书宽六米高十八米行家观后谓骨气内含功力深厚气势磅礴之誉赞称中国书法一绝燕赵多奇才松阳先生以狂笔著称我更爱他的品格故写报告文学华魂流芳于世

●中央广播电台记者—桑世博撰文

一九八九年中央电视台春节晚会上书法巨匠贾松阳先生以如椽巨笔书写六米宽丨二米高巨人的春字春是世间力物蓬勃发展季节春回大地润物无声春是播种的季节没有春的奉献那有秋天的收获一年之际在于春春是平凡又是伟大的

● 中国高级剧作家—张永和撰文

浩浩黄河东归入海沧海变桑田诞生了神奇美丽富饶的黄河三角洲为讴歌石油工人艰苦创业无私奉献不屈不挠精神公元一九九三年冬气功书法大师松阳挥巨笔写下长廿米宽十米的洲字胜利油田将该字竖立於黄河三角洲上永载千秋

● 中国文坛奇侠—寒北星河北撰文

公元一九九三年是伟大领袖毛主席百年诞辰之际中国著名书法大师松阳先生捐湖南百米书画长卷后以雄强之力高超之技挥毫又为韶山坪书写了虎字国人喻虎威勇猛虎虎生气文训虎为山兽之君奋发有为生机勃勃当今祖国昌盛繁荣

●川北西溪诗人—赵金光撰文

一九九五年中国著名书法大师贾松阳先生在河南省郑州市为弘扬民族文化倡导精神文明得天地之灵悟纳云海之精气振笔如椽意走龙蛇在郑州市体育场写下一幅十米宽二十米高巨笔书法昇字观者如潮连绵不绝争相传颂谓天赐吉祥

●中国著名作家—徐恒进北京撰文

新加坡联合早报公元一九九六年十月十六日发表重大新闻为迎接一九九七年香港回归祖国松阳书法大师在五千平方米白布上挥巨笔创作的一幅高九十七米宽四十九米世界上最大的归字现刻在河北省天柱山旅游区一百米高峭壁上

●新华社高级记者—刘志伟撰文

● “阅透人情知纸厚 踏穿世路觉山平”

松阳大师意念书法“情”字

当代著名书法大师贾松阳先生为一九九九年澳门回归祖国为弘扬民族文化精神锐意创作了一副宽五十六米高九十九米的当今世界上最大佛字该书法功力深厚气势磅礴风神兼备超凡脱俗为天下苍生启迪智慧净化人生作出了新奉献

●北京佛协理事—田福月君撰文

卫夫人主张高执笔，紧行笔，意驱使笔——这是执笔中的书意。从松阳老师的巨笔书法作品中可以领略此意境也！

周伯琦在《书法三味》中说："执笔之法，实指虚拳，运笔之法，意在笔先。"说得更为言简意赅。执笔得法，目的是使行笔稳健，借笔以"传心"。执笔和行笔，古人统称为"用笔"。用笔能意在笔先，线条才能有生气——这是行笔中的书意。然巨笔执笔之法、运笔之法松阳老师却又加进了中国的传统气功之意，故其巨笔书法作品有"平正中有险绝之势、疏朗中含严谨之态。婉媚中寓金石之意、强雄中存妍丽之感"。

王羲之《论笔势十二章》说："作字之势，意在精察，然后下笔。"又说："先整字成，意在笔先。"这是说构造文字的形体时，要先得书意。对此，冯班在《书法三味》中说得似乎更加明确："布置"（传构）要"四面八方点画皆拱中心"，"随字立意位置，则知结构之大概也。"深究点画与点画之间的搭配关系，随字立意，因意造象，点画之间皆有"言所不能尽"之意，却是书法形象美丑的根基，确实是塑造文字形体美的重要手段——这也就是松阳老师巨笔书法结体中的书意吧。

同样，巨笔书法结体中的书意，也集中体现在书法的艺术构思中。任何艺术，都注重艺术构思，因为有无艺术构思，不仅是区别艺术品与实用品的分水岭，而且还预示着艺术创作的成败和作品艺术价值的高低。故不仅是松阳老师巨笔书法而且历来书家笃重书法的艺术构思，更笃重构思中用意的精微。蔡邕"默坐静思，随意所适"，静下来任凭想象驰骋。卫夫人则是"心存委曲，每为一字，各象其形"。上述书意表现种种，可窥书法艺术之精妙，更能体会松阳老师巨笔书法创作之艰难。

巨笔书法和意念书法的创作中，要把握其艺术的本质，并不是一件容易的事情。甚至这种创作的艺术品在中国并没有为广大书法爱好者接受，没有形成强有力的艺术革命，关键并不在于象某些人所指称的那样……中国书法界保守、顽固，而是在于他们自己，传统书法在表现形式与内涵上，经过上千年的摸索，已经达到了高度的和谐与统一，艺术形成与艺术灵魂已融为一体；而在某种意义上松阳老师的“巨笔书法”和“意念书法”要表现什么，他明确的——“意”，在某种意义上讲是模糊的。当然这也不能怪他们，因为艺术不能脱离时代，中国文化的主体依然在传统儒、释、道文化精神基础上形成的东方文化精神，只要中国文化的主体精神不变，就不会发生大峡谷式的文化断裂，那么中国书法艺术，决不会像有些人危言耸听地宣称的那样，是已经走入死的胡同里，在苦闷中挣扎，相反它会很和谐。很安详的继续发展，不断融入新的合乎内在精神的艺术形式，在继承和创造的二重奏中稳步前进——因为传统文化的“源头活水”，正源源不断地给书法艺术注入新的生命与活力。松阳老师的巨笔书法和意念书法，均属于以传统文化为基础随时代发展和民族精神进程创新的书法艺术，不是凭空臆造。这一点可以让我们先了解一下松阳老师书写的巨笔“归”字是在什么样的背景下创作的。

松阳老师是一位共产党员，爱党、爱国、爱民是先生一生所追寻的最高宗旨，他每次书法艺术的创作都深含着先生的这份眷眷之情。

1996 年 7 月，离香港被祖国收复倒计时还剩下一年时间的时候，松阳老师经过深思熟虑，决心为香港回归创作一幅巨字，来表达他的爱国主义情怀。

香港将回归到祖国的怀抱，牵动着中华民族每一位儿女的心，它以此将宣告英国殖民统治的结束，开始了香港历史的新纪元，这是伟大中华民族和平统一进程中的里程碑。

一百多年来，无数仁人志士，前赴后继，流血牺牲，不屈不

●平山旅游局长崔利华与松阳大师夫妇 省旅游局领导在天桂山合影

挠地斗争，就是为了祖国的统一和民族的崛起。今天，香港将要被中华人民共和国收回了，每一个中华儿女深刻的认识到，只有中国共产党，才能领导全国人民建立我们繁荣、富强、昌盛、统一的祖国，才能使中华民族独立于世界民族之林！才能乘长风破万里浪，完成历史交给中国人的这一使命，是中华民族百年夙愿，更是中华人民共和国的世纪之梦！

正是出于这种思考，松阳老师才决定为香港回归做点奉献。祖国的繁荣富强，使松阳老师的爱国情怀高涨，经过他反复的思考，一个97米高，49米宽的“归”字在北京初步起稿。他考虑到河北省的天桂山是风景秀丽的名山，更是中外游人旅游之处，还有西柏坡是著名的革命圣地，是毛泽东等老一辈无产阶级革命家战斗过的地方，才造就了新中国从这里走来！老区人民朴实无华、勤劳勇敢的献身精神……松阳老师想到了这些，要将这个世界上最大的“归”字创作成功后献给西柏坡人民，并将这个大字刻在天桂山上，以此永远记住共和国这难忘的一天，这一想法得到了平山县县长韩保深及旅游局局长崔利华的肯定，他们代表革命老区人民感谢松阳老师的这一举措。

松阳老师进入了紧张的创作准备阶段。1996 年 5 月 8 日，他从北京出发赶到了自己的故乡——深州。这期间正值北方多雨季节，自从回来那天，连续三天降雨，这可急坏了松阳老师，因为他向西柏坡保证在 6 月 25 日前完成创作，这已经耽误三天了。没想到第四天雨过天晴，松阳老师在弟子张峰的全程协助下，调用深州教育城的 60 名大学生，加班八天八夜在深州市红云服装厂特制 5000 平方米的巨型大白布，又用一天一夜的时间在这 5000 平方米的大布上书创高 97 米，宽 49 米的一个世界之最的“归”字。仅“归”字的一竖笔就 9.7 米宽，“松阳”二字印章 18 平方米大，此字用墨 6000 余斤，这一世界巨笔字的诞生，开创了松

●松阳大师为 1997 年香港回归创作“归”字现场留影

阳老师“巨笔书法”划时代的新篇章。

1996年6月26日中午，西柏坡革命老区将巨字平安运走。

●松阳大师为东营创作“洲”字现场留影

这时的松阳老师才松了口气。这浩大的“归”字如今还在天桂山灼灼生辉，观此字，乃心旷神怡，意境超旷，无惜是非，通天地之神气；若清涧长源，流而无限，萦回崖谷，任于造化，妙极处得华夏之文质，精穷时展九州之雄威！万里云山，滔滔墨海，点缀着这江山大川。

实乃我中华大哉！我民族雄哉！此山不崩，此地不亡，雄美的天桂山将载着世界上最大的“归”字永存。松阳老师这一不朽的“巨笔书法”艺术再现了我们中华民族自强不息、拼搏向上的精神，再现了东方艺术称雄于世的风采。

有人说：“松阳真是个疯狂的人，他干的这事我想都不敢想……”大家不要忘了是“时势造就英雄”，是时代造就了松阳老师创作出这世界上独一无二的“归”字，惊天地，泣鬼神。仅此字把松阳老师的涓涓爱国心连同他的千古绝技一并载入史册。

从松阳老师的“意念书法”和“巨笔书法”中，不难看出儒、释、道三家哲学对他书法艺术影响，在他生活的时空里是交叉的，当然我们在不同的时代也能发现众多精神内蕴的书作。而更多的时候，在更多的书家身上，我们看到的是一种自觉或不自觉的，亦儒亦道、儒道结合的风貌；法度与自然意趣，力量与柔美，总是有机地、和谐地结合在一起，互相补充，构成中国书法艺术历史发展的重复变幻的主旋律。这种和谐，在松阳老师的书法艺术中体现的很多。

大家知道，意识形态的变化取决一个社会经济基础的变化，艺术作为意识形态的一个专门种类，也不例外。而在我国明中叶开始，在商品经济发达的东南沿海和两湖富裕地区就导致了资产主义萌芽的产生。城市商品经济活动的繁荣促使社会结构构成发生变化，分离孕育出市民阶层，并在此基础上产生了具有资产主义色彩的个性解放思潮。当然作为抒发情怀的书画艺术，也不可避免受时代思潮影响，并成为时代思潮在艺术上的园圃。这种要求个性解放的书法家是明代中期的徐渭和清代前期的郑板桥、金农等。他们的书法风神迥异，但有一个共通的特点，就是“离经叛道”、“非法蔑圣”的色彩非常强烈，他们都要突破传统正统的美学规范，当然，这就势必要导致首先在创作方法上寻求突破。在线条造型、结构布置、用笔用墨方面，无论是徐渭还是金农，郑板桥，他们都有自己的独创，以其独创的方法，展露自己的艺术个性，这种创作方法和指导思想，在艺术上就是一种反叛的精神，给当时书坛画坛带来了极大的震动，对后来的书法发展也发生了深刻的影响。总览这一批以强调表现自我与个性的书法家的作

●松阳大师为东营创作巨笔“洲”字

● 1997 年松阳大师在河北创作巨笔“舞”字现场留影

品，我们看到的已不是儒家的经济雄风，抑或是道家归隐的恬谈，而实实在在是一种石破天惊、冲决网罗的性格，这是明中叶以来资本主义经济萌芽和新的哲学思潮的产物，在中国书坛，它的呐喊是有力量的，但是孤独的，因为就中国社会而言，微弱的资本主义经济包围在广大的小农经济的海洋中，提倡个性解放的思想家在整个中国思想界也是孤立和受打击的，被视为疯狂怪诞，艺术上与他们相互呼应的，也不免受“狂怪”之谪，他们在平静寂寞的书坛留下了几声回声渺渺的惊叹号式的呼喊，就湮没在传统式和谐的洪川巨浪当中了。

无论是徐渭生活的时代，还是扬州八怪活跃的时代，他们都没有被官方认可而成为一代书风的领袖，明代称霸书坛的是位尊宰相的董其昌，清初康乾二帝力倡的是赵孟頫和董其昌。至于清中叶以后，阮元、包世臣、康有为等人的崇尚北碑的书坛革命，实际上是时代危机而造成的“经世致用”儒家哲学的复兴，也可以说是书法艺术向一种崭新儒家精神的复归。

我们再来看松阳老师的“意念书法”和“巨笔书法”又何曾不是这种自我个性思潮的产物呢？他的童年赶上了日本帝国主义对我国的侵略，少年又赶上了国内战争，中年经历了新中国社会主义建设时期，壮年又经历着改革开放，这一时期正是他书法艺术的旺盛创作期。

改革开放的春风给了松阳老师一个新思想，给了他创作的灵感，1982 年春天创作巨笔“神”字；1987 年冬创作巨笔“舞”字；1989 年，春节晚会上他挥动巨笔写下了一个巨大的“春”字，

●杨成武将军在北京体育宾馆观看松阳大师写字“龙”字现场留影

1993年写下了意念书法“山”字；1993年为东营市创作巨字“洲”字；1995年创作巨笔书法“龙”字，同年12月创作巨笔“昇”字，同年创意念“情”字，1996年6月为香港回归创作巨笔“归”字，1997年创作意念字“之”……

纵观松阳老师“意念”和“巨笔”书法的创作精神，都打着时代的烙印，都没有跳出个性解放的樊篱，也就是说书法的发展同其他艺术一样，在受本身发展规律的同时，还要受另一个不可忽略的第二因素——社会哲学思潮的影响。

一种艺术形式的发展到了一个顶峰后，势必要有新的艺术形成来代替它，以便拓开新的天地，创造新的境界。时代精神的灵魂是哲学，它是社会文化思潮的先导和核心，不但影响一个时代的政治、经济的发展，同时也渗透着人们的生活和审美意趣之中。松阳老师的“意念书法”和“巨笔书法”艺术中无不显示着这种时代精神的灵魂。

余秋雨先生说：“有什么样的起点就会有什么样的延续。”松阳老师的意念书法和巨笔书法为自己流泻出了一个独特的精神世界，是因为他站在了民族精神的这个起点上，所以随后而来的必定是民族精神的延续。

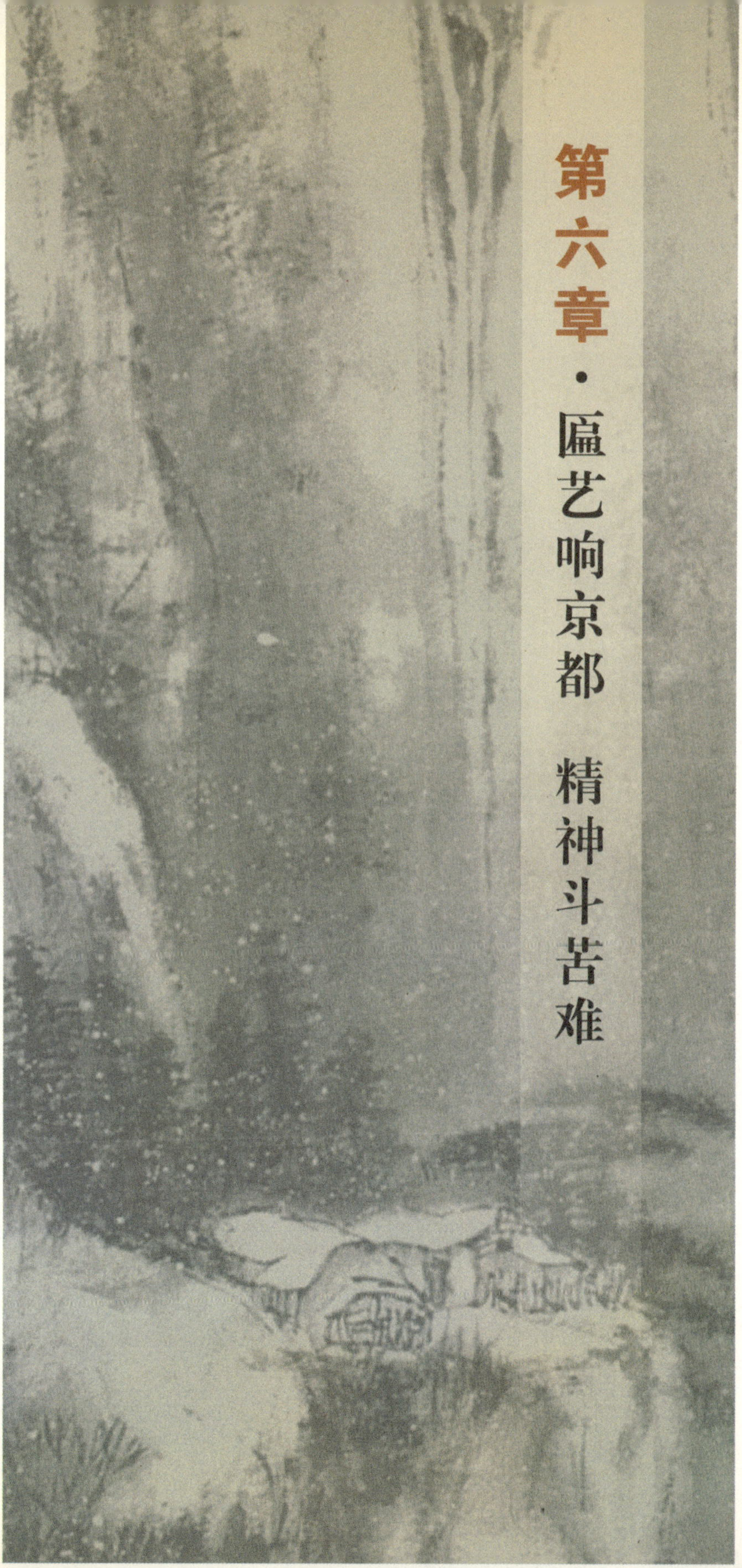

第六章·匾艺响京都 精神斗苦难

第六章　匾艺响京都　精神斗苦难

在生活中，往往有很多人找不到属于自己的位置，只是因为他们得到的机会过多。松阳老师在他的生活的社会中，一直在寻找他理想的位置，虽然他得到了今天这么多的荣誉，为国家，为人民创作出了那么多优秀作品，但他始终坚持着“绘事法书须继承，岂期谋利与沽名”这一座右铭。

一个艺术家的思想有时候是一种无限空间，使人难以把握。松阳老师的意念书法和巨笔书法艺术，就像是海洋的巨浪，时时给人以险要的美；更像那海底涌流的洋流，暗藏巨大的力量……

那么松阳老师在传统书法领域的造诣又是如何表现的呢？我们再来看一看他的匾牌艺术。

新疆之行给我带来了人生路上的一次洗礼，此行虽然结束了，但我的脑海中时时浮现阿拉山山口的边哨、魔鬼城和克拉玛依油田……在这些地方都留下了我和松阳老师的脚印和书法作品。

在回京的路途中老师深情的给我说：“维阳，这世间的门很多，但是没有人的心门多。”老师的话一时没有明白过来，但今日再回忆其意，真是至理想哲学呀！

回京后，一日去松阳老师家中，见松阳老师正在题写一匾额。老师写的是“中国照相馆”五个大字，他写了三张后，把三张挂在墙上反复看，反复地对比，还不时地问我和李霞老师，哪一张最好看，还叮嘱我们要讲实话，不许恭维。

“我觉的第一张好看，老师。”我说道。

“说说为什么好看，哪儿好看？”老师问。

我答道：“老师，您看这个中国的中字，您把左边的一竖处理成了一个点，点与右边的横折相对应，中间一竖的收笔加上二次波折，好像一位张开双臂跳芭蕾舞的少女；而第二个国字把口里面处理的亦像一位双膝跪地跳舞的少女；第三个照字像位菩萨驾着云彩飞行一样，老师我认为这个好！”

松阳老师没有急着表态，缓缓的道：“维阳，记得以前与你说过，写匾不同于单纯的写字，匾额是另一门艺术，它承载着民族的精气神，代表着挂匾者的人文信息。匾与牌都须用大字书写，又统称牌匾，也分别称匾额（包括门额、碑额）和牌子（包括牌坊、招牌等格式）。都是用于标明某种名称或性质的。由于匾牌字少而大，可选用的字体少，书写难度较大，而又高悬于显要的位置，容易看出缺陷，所以特别需要讲究书写的技巧。

进行匾牌写作，字体结构必须稳重而开拓，行中字距必须匀称而变通，把书幅点缀得浑然一体，气势恢弘而生动。同时，亦须依据人们视觉的特性，协调人物之间的微妙联系。例如，把字体写得稍长些，使观者仰视不觉其长，反而觉得有立体感；将两边的字写得略大些，让观者不觉其不工整，反而感到匀称美；利用奇正的规则，把字体写得划斜而势正，令人感到气韵生动。对匾牌的书写，还须注意新旧写法的应用。现今在某些重新修复的祠庙中，匾额出现了自右向左和自左向右的两种写法，常被一些参观者读错。

匾额来历悠久，它并不是寻常的艺术品。自秦始皇统一中国始，匾额就成为治理国家的一种重要艺术形式，并作为一项重要的国家制度颁行。对此，秦始皇巡游会稽石刻有明文记载：‘秦圣临朝，始定刑名，显陈旧章’。对于如何‘显陈旧章’则有如下文字：‘运理群物，考验事实，各载其名’。这段文字，既表明了秦始皇的治国理念，也确立了匾额在治国当中的地位与使命。匾额自秦朝诞生伊始就是统治国家的一种行政方式。甚至可以说用匾额这一新形式来统一和规范全国的文字标识，形成中国第一部标识管理法。

匾额的应用，作为国家制度，以‘标识名称’和‘宣扬教化’为主要功用，行匡正社会政治秩序和伦理道德规范的作用，治理国家之效能，自秦始皇至清历经百代相沿不易，成为国之永制。

匾额的应用，在隋唐之前只用于官方，及至晚唐才允许民间使用。在漫长的岁月中，匾额形成了官方匾额与民间匾额两大体系。官方匾额体系在两千多年的历史进程中占据着主导地位，标识着社会的价值观、道德观和是非观。

匾额这一艺术形式得以千古传承，作为国家制度是重要方面，匾额自身形成的艺术美和巨大的彰显性，也具有十分重要地作用。为巩固国家统一、维护社会稳定、传播文化道德发挥了巨大作用，历史证明了匾额生而为治国。

说匾额生而为治国，在于匾额孕育形成的过程之中，就已融入了国家意志，已经具有了行使治国效能的内涵。匾额，从夏朝至战国历近千年形成，是古人治国理念与借鉴具体形式融合的结晶。在理念上有从古代‘刊山表木，以定山川’国家标志演化而来的痕迹，也有受殷商天子铸钟鼎铭文的影响，在长方形及竖写文字上，则明显脱胎于竹简木牍，而这些都体现着国家意志。

匾额的另一功能是起到惩恶扬善的作用，比如‘科举匾额’就起到了教化和表彰的功效，与南方地区无数牌坊一样，它们树立了一种榜样、楷模。社会道德价值、行为规范、是非判别都标识在匾额内。因此，匾额的出现，是上层建筑意识形态的反映，是制度文化、精神文化和物质文化的集中体现。

寓治国理念和方略于艺术之中，它以简约的文字、深厚的内涵、优秀的书法、悦目的漆饰集于一身，高悬于门首与建筑相得益彰，融为一体，呈现出一种端庄厚重之大美。

这种大美，使人过目难忘，铭刻于心，达到了治国效果。这一至真之大美，也给当代人造成了误解。沉醉于美妙之中，忽略了匾额的原本意义和对它的研究。由于历史原因，国家机关不再以匾额作为标识形式，民间极少的匾额也多是用于装点厅堂，而最多则是商业标识，官方在匾额应用上的主导地位缺失了。正是这种状况，使匾额文化在理论研究上几乎还是空白，在匾额最基本的常识上依然存在着误区。

众所周知，故宫是宫廷匾额遗存最多的地方。由北京故宫、沈阳故宫、避暑山庄三家合著的《清代宫廷匾牌联》一书前言中，将皇家匾额定位于：‘宫廷中的匾牌联，是附属于宫殿建筑的室内外的装饰品的一种，属艺术范畴的观赏品，既可装饰美化环境，又可欣赏玩味’。

还有众多的文章著作，将匾额称之为‘文字小品’、‘文字点缀’、‘装饰小品’，更有甚者，将匾额归类于‘竹木家具室内陈品’。在匾额的文化属性上，包括众多的民俗专家都将匾额定位于‘民俗文化’，包括一些国家级博物馆也是同样的认识。

这些认识，当以权威之言见诸于媒体报刊，其结果是误导读者，误导社会，将匾额的应用及匾额文化引向衰败。

其实，匾额最能代表中国文化，浓缩了中国的历史文化——四书五经、诸子百家名言在匾额上都有体现，匾额就是一部浓缩的中国《道德经》。其产生有着深厚的理论基础——先秦‘名学’。匾额的生成是以孔子‘正名以正政’、‘名正言顺’的名学思想为核心。孔子的‘正名以正政’说，成为治国的重要理念。目的在于使社会各类事物有与其实相符之名，这其中包含着标识社会等级、贵贱尊卑和善与恶。这种‘正名’之说也被后人引入到匾额形式之中。匾额长方形用以显其正，不管是横还是竖，都能够和各类建筑相吻合。而必须悬于门首之额即屋檐之下，门楣之上，位于门的正中。也是取其正中之意，表示着正统、正中、正宗、正气和正派，也表达了中庸思想。

匾额按其性质来说，比较常见的大致可以分为五类：第一类是堂号匾，像纪晓岚的‘阅薇草堂’等；第二类是牌坊匾，这一类通常是作为表彰的，如表彰富人守规范，表彰乡里老师等；第三类是祝寿喜庆的，这类匾额数量非常大；第四类是在商业发达地区的字号匾，如北京的荣宝斋、同仁堂等；第五类是文人的题字匾额，带有文学色彩的或是座右铭式的匾。

匾额文字多拜求名人或文人为之泼墨书写，这些匾额集字、印、雕、色于一体，大都辞藻华美、书法精湛、言简意赅、反映了当时的政治、经济、文化、艺术、民俗民风等，起到了补史正史的意义。‘以匾研史，可以佐旺；以匾研涛，可得涛眼；以匾学书，可得笔髓’。

匾额中的‘匾’字古也作‘扁’字，《说文解字》对‘扁’作了如下解释：‘扁，署也，从户册。户册者，署门户之文也。’而‘额’字，《说文解字》作‘额’字。即是悬于门屏上的牌匾。也就是说，用以表达经义、感情之类的属于匾，而表达建筑物名称和性质之类的则属于额。因此合起来可以这样理解匾额的含义：悬挂于门屏上作装饰之用，反映建筑物名称和性质，表达人们义理、情感之类的文学艺术形式即为匾额。但也有一种说法认为，横着的叫匾，竖着的叫额。

几千年来，它把中国古老文化流传中的辞赋诗文、书法篆刻、建筑艺术融为一体，集字、印、雕、色的大成，以其凝练的诗文、精湛的书法、深远的寓意、指点江山，评述人物，它是中华文化园地中的一朵奇葩，它是我国古建筑的必然组成部分，被誉为建筑的‘眼睛’，逐渐成为了中华民族独特的民俗文化精品。

在人的一生中，入学、中举、结婚、生子、建房、祝寿都有相应类型的匾额。赞扬医生医术高明，悬壶济世，人们会送匾；老师学识渊博，受人尊敬，人们也要送匾；甚至在人死去时，也要送挽匾。在古代，匾额用于不同场合，但他们的共同点是树立美德和楷模，也是道德上的追求。

自有匾额以来，它就与我国人民的文化生活密不可分，与建筑、民俗、文学、艺术、书法相结合，深入到社会生活的各个方面，其写景状物，言表抒情，寓意深邃，具有极大的文学艺术感染力。悬于宅门则端庄文雅，挂在厅堂则蓬荜生辉，装点名胜则古色古香，描绘江山则江山增色。虽片辞数语着墨不多，望之却巍然大观，令人肃然起敬。”

老师讲的津津有味，喝了口茶继续讲道：“纵观五千年中国文化历史，可以说文字始传于刻，有刻才有了文字，刻字推动了文化的发展，文化的发展推进了刻字艺术的创新，使刻字艺术走向辉煌。刻字艺术作为民族文化的瑰宝，被世人瞩目和爱戴。书法刻字艺术在人们的生活中、艺术的殿堂里给人以美的享受。

维阳，从书法的结构上讲，牌匾离不开榜书，自古榜书为难，难在结构难以驾驭，难在用笔用墨用纸都与常字不同。榜书这一书法门类，在中国书法史上可谓源远流长，从有文字记载的情况看，早在秦汉时就有了，古人有许多称谓，一般称其为署书、擘窠书，俗称大字，而人们更习惯称其为榜书。

榜书指字径的尺寸规模而言，诸体均可写为榜书。汉代萧何所题‘苍龙’、‘白虎’二阙，号‘萧籀’，当是篆书。后汉的师宜官、梁鹄、韦诞，唐宋的颜真卿、米芾等，均擅此法，或为隶或为楷，或谓行草，所以榜书并无书体的限制。

榜书中特别大的字，又称为魁字、魁书。魁书的大小一般在二至三米或者更大。至于为何称魁书，现在尚未见到权威说法，史料上这么记载，我们也就这么说，估计是取其魁梧高大雄壮之义吧。

历史上，善于写榜书的书法家很多。我们在游览祖国的名山大川、古寺宝刹等名胜古迹时，不但被祖先创造的叹为观止的建筑艺术所倾倒，而且还可以从那里看到古人为我们留下的许多榜书大字，从绍兴兰亭的‘鹅池’，到河南岳飞故里的‘尽忠报国’，这都是榜书的最好范本。

从一般规律看，凡是在历史上出名的书法家，大都能写榜书。根据杨宾《大瓢偶笔》的记载，萧何之后，有梁鹄、师宜官、王羲之、王献之、萧子云、李北海、颜真卿、柳公权、杨凝式、石曼卿、苏轼、米芾、吴琚、王十朋、张即之、朱元晦、康里子山、董其昌、范允临等等。

大家熟悉的书家写榜书的故事很多，比如明人萧显，他是当地进士，书写了山海关的‘天下第一关’。‘天下第一关’是山海关的标志性建筑，建于1381年。城楼内保存着明成化八年即1472年的‘天下第一关’匾额一块，其中的‘关’字高1.45米，‘一’字长1.09米；清末民初天津书家华世奎写‘劝业场’；近代四川书法家冯灌父书写重庆‘朝天门’横额，字径丈余，苍劲遒拔，力能扛鼎；八十年代，沙孟海两写杭州市灵隐寺‘大雄宝殿’等，一直传为美谈。

很多人都有这样一个习惯，每到名胜之地参观旅游，必会认真观摩牌匾和楹联书法等文物。当登临远眺、凭栏击节，感天地之悠悠、发思古之幽情时，匾额、楹联等作为特定精神和文化的载体，在古与今、天与地、人与物之间，就会无形中筑起一道相互贯通的‘心桥’。

世上许多名胜古迹历尽沧桑，屡经废兴，其匾额、楹联等传承有序，虽经风雨岁月或后代重制，只要用心去感应，我们的目光依然能穿越时空的隧道，触觉到古人的心迹和手泽。

我们看祖国大地那些著名的榜书匾额，比如南昌滕王阁匾额，它分四层设置，东、西、正立面最高层之重檐下设“滕王阁”三字大匾，苏东坡手书。三层各有东西南北四块匾，如“江山入座”、“朝来爽气”等。武汉黄鹤楼5楼悬挂着“黄鹤楼”“南维高拱”“北斗平临”和“楚天极目”四块匾额，每块匾额长6米、宽2.8米。如果这样宏伟的建筑上没有这些文化含量很高的匾额，它就缺少了灵魂，我们参观游览时，也缺少了几许意味。”

松阳老师讲到此时，声音低沉了，在这低沉的一瞬，我在感受老师的那份博古与用今的情感，感受老师对匾额文化的深刻理解。

匾额文化，就像一面历史的镜子，用它独特的方式映衬着社会的沧桑。松阳老师的匾额艺术，一同在这沧桑中变化起伏……

“老师，您在北京题写了这么多的匾额，您第一次题的是什么匾？”我问道。

老师微微思考说：“我第一次题匾是给前门华北楼饭店题写的‘华北楼’，说起来还有一段故事呢！

记得有一天，我们一得阁的王永年高声问我：‘你知道萧劳先生吗？’

我说：‘知道呀，他是当代书坛有名的书法家和诗人。不过，我并没有见过先生。’

王永年激动的说：‘萧先生说你很有前途，将来在书坛上会有一席之地的。’

我当时感到很奇怪，不解的问王永年：‘你听谁说的？’

王永年神秘的说：‘你设计的中华墨汁外包装上，不是有你的字吗？萧先生专门打电话到厂长那里询问了你的详细情况，他对你印象不错。萧先生可是书坛大名家，能得到他的赏识，非常难得呀！如果你愿意，可以拜萧先生为师，进一步深层次的学习

●萧劳老师在北京家中为学生贾松阳讲解书法

书法艺术呀。’

我一听便急切地问王永年：‘你知道萧先生的家住哪儿吗？’

‘我常去萧先生家，我带你去见一下如何？’王永年高兴地说。

‘现在就去！’我说。王永年当机立断，便带我去萧先生家。

我怀着激动的心情，买了些稻香村的糕点，跟着王永年来到萧老的住处。萧先生住宅是典型的北京四合院，古香古色，清幽典雅，显露出主人清净的人文气质。穿过回廊来到正厅，萧先生看到王永年带我进来，一下子就认出来说：‘你就是松阳吧？果然是精干。’

‘学生就是松阳，萧老身体安康？’

‘自古习书画者寿，我身体很好。’萧老精神矍铄，起身给我们让座。

‘萧老，松阳是我们一得阁的台柱，他非常愿意拜您为师，在您门下精心研习书法。中华墨汁的外包装设计就出自他手，另外，他设计的图标图案在全国各地均有使用，是一位精通武术又擅长书画的有志人。’王永年在萧老面前一直推崇我。

萧老边听边微微点头，含笑说：‘学书法之人，首当要净其灵魂，立雄志成才，报效国家。让世人了解我中华民族传统的墨宝是民族脊梁，是不息精神。要做到勤奋刻苦，学古不仿古，取今不拟今，才能形成自己的风格。书道在于书法之魂，画道在于画面之神，书画功夫均在其外也。松阳你能双手书写，这是你的天赋，只要你能沉心于书法之海，不求功名，造福于社会，定能修其大成！’

‘多谢老师指教，松阳铭记在心！’随后，我认真地给萧老师行了学生礼。

萧老师笑着说：‘你这个入门弟子我收下了。’我一听到萧老师的话，当时格外的激动。为了不过长时间耽误萧老的时间，王永年示意我改日再登门拜访，就这样，我和王永年与这位中国书坛上的大名家告辞了。

回来的路上，我激动的心情无以言表。心想：多少年来，我做梦都想得到一位名家的指教，提高自己书法艺术水平。万没想到会在我踏进一得阁后通过王永年认识了当代书坛名家萧劳先生，而且能成为萧先生的入门弟子，今后我一定要沉下心来，把书法艺术提高到更高水平。

王永年见我沉默不语，便对我说道：‘一个人的成功，离不开自身的天赋，但在天赋完全的迸发后，就需要名家的点拨，古人讲：听君一席话，胜读十年书。也是这个道理。我相信，有朝一日，你的书法会誉满京城的，因为你天资超群，草书能奔马行云，无拘无束，遵古法而不行古途，你能把武术之精神融入书法之中，独成一家，是其他书家不可达到的，再加上萧老的精心培育，你将来一定能成为书坛独秀！’

王永年虽然不搞书法，多年在一得阁从事墨汁的研究工作，常年接触书画家，他讲给我的这些道理，我想也不无道理，所以没有去反驳他。

我便说：‘谢谢兄长的鼓励，希望在将来的发展上继续给予帮助。’

王永年满口答应：‘没问题！’

转眼，1978年的夏天匆匆来了，中华墨汁畅销不衰，一得阁墨汁厂由平房拔地而起了一座现代化建筑的楼房，设计室搬进了豪华的房间。在这期间，我又结识了京城里的吴作人、刘博琴、郭传璋、刘倩、王遐举、刘海粟等当代大家名流，我虚心向他们学习，聚众家之所长。

自己的书画在创作上已崭露锋芒；用笔技巧上我时时刻刻探索着创新；用墨的技巧上，我把饱墨、湿墨、润墨、淡墨、焦墨、浓墨、干墨等技法变幻融于一炉；在笔法的运用上，探索出一套以中锋为主、以含锋为辅、以卧锋为堵的用笔之道。总结出在书法创作的过程中，用墨要达到：‘动如流水，静如磐石，急如暴风，快如闪电’的境界。

工永年说：‘松阳，该到你出山的时候了！我的一个朋友叫陈玉华，在华北楼饭店工作，一定让我帮他们饭店向您求幅墨宝，制作成金匾，等待开业时揭红急用。我让他和经理晚上来拿字，如何？’

我当时听完王永年的叙述，手往桌子上一拍，大声说：‘成！我贾松阳这是京都第一块匾，一定要写，而且一定写好！’

按照陈玉华告诉王永年的尺寸，这块匾字需要二尺高、五尺宽。我对王永年说：‘老兄，你帮忙吧，咱们现在就写！’我当时创作的激情忘却了夏日的炎热，我把散发着清香的墨汁倒进一个大盆里，厚厚的一叠宣纸取来，打开放在床上，把毡子铺在桌子上。准备工作做好了，我脱去长袖，只穿背心和短裤，奋笔疾书，

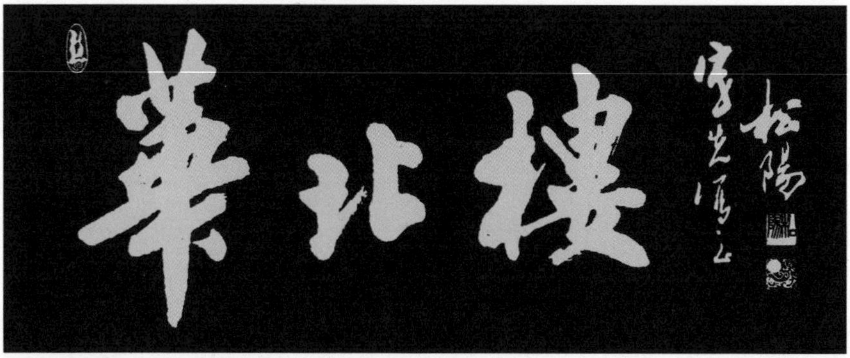

●1982年贾松阳老师为华北楼书写艺匾

写了一张又一张，盆里的墨汁几乎用光了。此时，一阵凉风吹过，手中的笔刚把‘华北楼’三字写完，我把笔往盆子里一扔，高兴的对王永年说：‘老兄，成了。’

王永年不解地问：‘以前看你写字一挥而就，今天这三个字写的好慢哟？’

‘老兄，今日写字，不同以往。匾额的写法不仅仅是字的本身，这里面要显示着经营者的理念。’我解释说道。

外面响起了敲门声。

王永年开了门，是陈玉华领着一个人走进来，看到地上的字，他们露出惊喜的目光。王永年向我介绍陈玉华和他的经理，我分别与他们握手，说：‘写的不满意的地方提出来，再写，你们看看吧！’

华北楼的经理说：‘贾先生谦虚了，您写的这三个大字，我非常满意，非常的震撼！在这之前，我们也请了几位有名气的书家写了，他们都是写在小宣纸上，几经筛选，最终都没有合适的。你在大宣纸上一气书写如此磅礴的大字，古朴中透着现代的气息，结构俊美，浑然一体。贾先生真是名不虚传，写的好，写的好！等到我们开业典礼那天，特别邀请贾先生屈驾指导。’送走了二位，心中却有些担心。

其实，这是我第一次正式写匾额，‘华北楼’多么好听的名字，他又坐落在前门要处，会让很多中外游人观此一楼，领略中华民族传统的墨宝精神！如果真的将匾额制成挂在楼上，还不知道是什么样子，我心中没有底。”

老师讲到这里，老师的表情非常凝重。虽然这“华北楼”是老师题写的第一块匾，我觉得就凭借松阳老师多年的设计功底和苦练书画的精神，应该会“一匾响京都”！

古语道：“天有不测风云，人有旦夕祸福。”就在这期间，松阳老师还经历了一场生死劫。这是后来师母王存巧告诉我的。

一天下午，松阳老师从一得阁骑自行车回家的路上，突然变天：乌云密布，雷电交加，狂风大作，对面 3 米看不清人。他赶紧加快自行车的速度，快到家时，猛然，前方传来一个女人的惨叫声，正想减速，前面突然冒出一个七八岁的孩子，老师为了不伤着孩子，自行车一闪，一场事故避免了。此时他看到 2 米处有一辆自行车倒在地上，一个穿白塑料布雨衣的女人也正慢慢起来，他终于明白，也是因为刚才那个孩子，使她躲闪时摔倒了。看情况那女人没事，急忙转车右拐，一个黑色的大坑出现在眼前，立即刹车已经来不及了，老师此时只觉得眼前一黑，惨叫一声，连人带车摔下去……

昏迷两天后，老师在宣武医院惨叫一声苏醒过来。眼前的几位医生和护士，一个个惊喜万分，相互看了几眼说：“总算醒过来了！”

老师此刻，他想起自己掉进一个深坑里。看到自己身上几处裹着绷带，腰部和胸部疼得厉害。

门开了，师母王存巧领着孩子们进来，一个个都在哭。老师看到这情况，眼睛也湿润了，他说：“唉，不要哭，我这不没事吗。那天不小心，让你们受惊了！”

“受惊，差一点就没命了！”王存巧的神色仍然处于担忧之中。接着，他告诉松阳老师被救治的经过，“你能及时得救，多亏深坑不远处，有一摔倒的妇女。她拦住几位路过的军人说明情况，那些军人找来绳索和手电，下去人把你拉上来的。说你被挂在下面的铁架上，否则就摔成肉饼了，自行车已经摔碎了。他们拦住一辆汽车，把你送进了宣武医院，有几个人查了你的工作证，给单位打电话没人接，就按家里的地址找来，我们才知道你出事了。”

王存巧说完，泪水又流了下来。

医生进来说：“不用着急了，他只是些皮外伤，没有伤着筋骨，这是个例外，摔到十几米的深坑中，竟然一点没有伤到筋骨，真是吉人自有天相。”

松阳老师十分感谢的说：“多谢大夫的救命之恩。”

“您呀，要感谢那位妇女和几位没有留名的军人，然后才是我们，我们是尽医生的职责。您不要着急了，安心住院修养些日子便可出院了。”医生说道。

“你单位的领导派了两个同事，在你昏迷期间轮流守着，你醒了我就让他们回去休息了。”王存巧给老师说。

“对了，张志忠师兄听说你出事了，他送来一些钱给我，说是给家里补贴用，昏迷时他来医院看过你，后来还让孩子们来看过你。”王存巧接着说。

师母王存巧一提到张志忠，松阳老师的眼前便闪过师兄熟悉的面孔。在最困难的时候，师兄张志忠没有抛弃他，到如今还是一如既往的帮助他、支持他！

松阳老师动情地说：“张师兄虽然是个没有文化的人，但他是个有大情大义的人，我此生不能忘怀的恩人……”

正处在动情之时，萧劳和刘博琴一块推门进来，看到躺在病床上的松阳，漫步来到床前，示意他不要动。松阳面对两位老师，告诉他们事情发生的经过，提到了为华北楼饭店写匾的事，告诉他们不要惦记，很快就会出院。

萧劳说：“松阳同学有王存巧这么个好妻子，是上辈修来的福气。你今日的成绩有贤内助的一半，没有她，没有你这般成绩！”

刘博琴风趣的说：“松阳同学，等你好了，我们约上郭传璋一起去你那瓜架下谈书论道，还让存巧给我们搞点小菜，痛饮三百杯，好给你压惊呀！”

听了两位师长的话，松阳老师深受感动。自从他进来一得阁后，他结识了书画界许多知名大家，每次与他们交往，都亲如师长。每次这些师长们来家时，王存巧都做些家乡的可口小菜给他们吃，他们最喜欢品尝，大鱼大肉不爱吃。边吃边饮，兴书作画，吟诗填词，无所不谈，情趣盎然，气氛和谐。这都是王存巧的功劳，难得老师们一片挂念之心，提起夏日的院景，松阳老师真想早日出院，乘着夏日还在，同醉小院。

萧劳临别时，特意嘱咐松阳：“华北楼是你题写的第一块匾，开业典礼时，我一定要去看看，抓紧时间休养，不要胡思乱想了。”

松阳老师的这一段插曲，他本人没有向我提及，也许是他对今天的成绩来之不易的深沉，也许是他对那些已故师长们的尊敬和怀念吧！

“勤奋是成功之母”。许多杰出人物在总结自己的成功经验时都有类似的至理名言。无论谁，也无论有什么样的条件，要想学得好，要想搞出成就，最先和最后所必不可少的就是勤奋，这就是说，始终都必须不辞辛苦，勤奋努力，都必须有孜孜不倦，锲而不舍的顽强精神和踏踏实实的学习态度。所谓天才，其实都是从小在艰苦中磨练出来的。成功有没有诀窍？如果说有，勤和恒就是最根本的诀窍，任何一个人的任何一点成就，都是从勤学、勤思、勤问中得来的。

松阳老师今天的成就，也不例外。

“老师，您接着讲华北楼开业那天的故事吧！”我提醒松阳老师。

“其实，华北楼开业那天，我的心情不是很轻松。”老师说。

“那天，你师母通过关系找来一部轿车，我是来北京后第一次坐轿车，说实话，就那一瞬间，我内心感到你师母的温情是那么的深。也想起了苦难的童年，母亲领着我讨饭的黄土路，进京在铁匠铺当学徒拉风箱的情景，破工厂里栖身的往事，年关张志忠师兄背我去看病时孤独的心酸……似乎和今天的生活，形成了鲜明的对比。

维阳呀，无论人到了什么时候，也决不能忘记过去，在人生的旅途的足迹上，所经历的一切苦难，都是我们人生一笔巨大的财富，它是用任何东西都换不来的，只有记住昨日失去的，才能珍惜今天的。

我在想，我人生的短短几十年转眼而过，不知不觉已过四十将近五十的人了，自己到底干了点什么？我坐在车里，只感觉到路和两边的房子快速的向后移动，这是往前走，还是往后退呢？

清晨的华北楼处在节日般的气氛中，张灯结彩，那金黄色的飘带，长长的鞭炮，在晨光中舞动着，好不热闹。上午九点一刻，京城里一些颇有名望的嘉宾从楼里走出来，一个个神采奕奕，开始为华北楼剪裁了。

此时，我和萧劳、刘博琴、郭传璋等人汇集在人流中，三位老师特意来看悬挂在门楼上面的‘华北楼’三字的。

萧劳看后高兴地对众人说：‘我的弟子已经出师了！这是我入门弟子松阳写的第一块匾，说起来妙不可言，匾为楷书。气势、结构和神韵均佳，就是有点沉重了。’

‘观此匾，便知是大手笔所为！松阳弟子可塑。往后我要再为弟子制些方印，来衬托大字的变化’刘博琴老师欣慰的对我说。

我赶紧的说：‘谢老师赐教，学生记下了。’

我话音刚落，此时从人群里走出一位上了年纪的人，慢慢的来到他们中间，文质彬彬，一看便让人觉得是位贤士。

他微笑着对萧劳说：‘萧老兄近来可好？这匾制作的如何？’

萧劳转身，发现是郭春杭，又惊又喜，上前握住他的手说：‘春杭兄，我在正想，此匾定是出自您手，做的无一漏洞。’

郭春杭摇了摇头，谦虚的说：‘我这一辈子把精力都花在了制作匾额上了，十来岁进京学习直至今日，几十个春秋过去了，如今想来，能为你们这些当代书法名流效劳，实乃心甘情愿，值得！’

我听萧老介绍了来人是郭春杭，心想一定是王永年曾多次提起的那位制匾人，萧老师也多次向我提及此人。在京城上下，他是制作匾额的专家，他制作的匾额大多是中国当代名流的字。据说，经他制作的匾额旧不变色，还能弥补书家的不足，事后还能给书家提出意见如何改变不足。一些名家对此人都很尊敬，因此，他制作的匾额也就誉满京城。

于是我便上前说：‘郭老的制匾技术一流，您能为晚辈制作这块匾，是晚辈的荣幸！’

‘不敢当，不敢当。’郭春杭上下打量了我一下，点了点头又说：‘华北楼三个字写的好啊！出手不凡，不仅聚了大书法家的气度，而且展示了坚实的书法功底，年轻人，今后会有许多人求你写匾的。以后凡是你书写的匾文，我包做了。’

‘郭老言重了，松阳不敢在您面前造次。’

华北楼的经理非常高兴，好多人站在门前夸奖这匾写的好，后来听老人讲，饭店的门面好，生意就上风上水呀！经理设宴款待了我们一行。维阳，这就是我写的第一块匾。”

松阳老师自从写了这块匾后，名声鹊起，全国各地来求写匾的很多。后来松阳老师为北京又题写了“柳泉居”、“谦祥益”、“正阳楼”、“聚品福”、“十三仓”、“天艺堂”、“中国照相馆”等匾额；

为河北题写了“天悦楼”、“赵云庙”、“得山堂”，还有为涿州题写的“华谊楼”；为山海关题写的“山海楼”；

为山西题写了“碧山寺”、“五观坛”、“太和寺”；

为山东题写了“世文轩”、“蓬莱宾馆”；

为上海题写了“大东海”；

为浙江宁波题写了“光明楼”、“蟠龙寺”、“古佛堂”；

为湖南题写了“湘情楼”、“湘人馆”、“中国花瑶”等。

松阳老师的匾额艺术，直至今天魅力未减，光芒四射。从他的匾额艺术中我们可以想象到他对中国文化传统艺术专研的那份执着，我们这一代人身上是否能一如既往地继承松阳老师的这种精神呢？我们又如何继承他的这种为艺术而奋斗终身的境界呢？请看下章分解。

● 北京著名艺匾-谦祥益

● 北京著名艺匾-中国照相

● 北京著名艺匾-柳泉居

● 河北著名艺匾–赵云庙

● 中国人民解放军著名艺匾–挺进

● 河北涿州著名艺匾–华谊楼

● 上海著名艺匾–大东海

● 山东著名艺匾–蓬莱宾馆

● 山东著名艺匾–世文轩

● 山西著名艺匾–碧山寺

● 浙江宁波著名艺匾–蟠龙寺

● 湖南著名艺匾–湘人馆

第七章·伏枥师生情　天下育达贤

第七章　伏枥师生情　天下育达贤

清晨的一缕阳光照在纱窗上，新的一天又来临了。松阳在书法艺术的王国里遨游了几十年，潜心的修炼，自身受益无穷的乐趣。

然而，他的这份乐趣并没有独享。自己进步的同时，他广收门徒，以文会友，几十年如一日，传承着中华民族的传统文化，让年轻的一代逐渐地了解书法艺术，学习书法艺术，最后达到传承书法艺术。松阳现在的门徒可谓是桃李满天下，他始终本着："绘事书法须继承，岂期谋利与沽名"的座右铭，无私地为国家，为人民书写着……

有时候，我和师兄弟们都不理解，为什么都八十岁的人了还有那份创作的激情和冲动，他走遍祖国的山川大河，他心系祖国的繁荣富强，他把书法艺术融入到社会的活动中，融入到现代人的生活里，用一颗执着的心，打造着一个书法家的真正生活，也许我们没有时间去思考他的思想，只是通过他的书法艺术来体会他的思想，只是通过他的书法艺术来体会他内心世界的一瞬……

人的一种高贵品格可能只在重大时刻才能表现出来，但绝对是在无关紧要时形成的。松阳老师的这种让人不理解，我倒认为这便是他的品格！没有人强迫他去写书法，更没有人限制他去收学生。他却一如继往的去做，直到今日即使已达八十高龄还在教育学生！这岂不是人的真正品格吗？

1982年松阳老师在北京米家轩书画艺术学校开办书法研究班，贾丽萍师姐便是学生之一。如今贾丽萍已年过半百，我们平日里交往甚多，她现在也已是中国著名书法名家。她曾经假设，

●1982 年贾松阳老师在官园与少年书法研究班学生合影

如果没有遇到松阳老师，她的书法艺术，一定会是另一种风格了。

同时，松阳在官园等六个学校都开办了书法研究班。当时的松阳正值壮年，精力充沛，除工作之余，就是为学校的学生们开办书法学习班。社会上曾流传松阳学生七千，有人说是虚数。其实若了解他这段历史的人都是非常清楚的，松阳当时在六个学校任书法班的“总教头”，听过他讲书法课的学生又何止七千呢？再加上社会上的中学、大学请他去做讲座的，应该是超过了七千。当然我们不必去争论具体松阳老师有多少学生，我们只要从这个数字中感受到松阳是一位热爱教育的“师者”。

其实，在现实社会中，一切的景象都是由心而出，不仅仅是面相如此，其他诸多也是如此。如此高悬的太阳，由古至今地高悬在天上，却有着千百种心在看着它，因而也就呈现出千百种不同的认识。心中充满善念，对万物都秉持感恩的人，他的脸上始终是亲切的、和善的，反之，就会变成恶魔的脸，这就是“境由心造”的缘故。

松阳先生，就像这高悬天空的太阳，其书法艺术就像这太阳所发的光和热，但看着的不同的人，便有不同的心，不同的心便有不同的感触。

松阳先生广收门徒，传授书法艺术。从这一点便可而知他的做人之“味”。常言道：“做事先做人。”如何做人，这就是一个见仁见智的问题。什么是“人味”呢？就是对待人的仁爱之心，无论是高官还是平民百姓，都要努力地去做一个有人情味的人，这个“人味”是我们人生之中不可缺的一种宝贵的精神品质。

松阳不仅仅是一位有人情味的人，更重要的是他把“仁爱”作为育人律己的一条光辉准则。

我作为松阳的学生，又是孔门第七十八代裔孙，在此谈一谈孔子所讲的“仁”。孔子说：“仁者爱人”。这句话的意思是我们要爱别人。孔子还说过一句话叫“泛爱众”，就是要广泛地爱

● 1986年松阳老师与各级领导在京成立东方书画艺术研究会时合影

所有的人，爱人民大众。记得我小学时有“五讲四美三热爱”，这“三热爱”里便有“爱人民“，其出处就是从孔子的“泛爱众”来的。孔子在两千五百多年前就提出了这种不以亲疏关系来决定爱不爱，而是要广泛地爱所有的人，爱人民大众的观点。这就是儒家博大胸怀的具体表现，这就是仁爱的最高境界。

对现代社会上的每个人来说，如果能够对他人抱有一份仁爱之心，则自己也会得到同样的关爱，从而收获更多的愉悦。所以我们得到一个结论：“在我们的生活里，仁爱比聪明更重要。”

著名心理学家罗杰斯认为：“爱心既是奉献，也是回报。”所以说仁爱的特点是超越自然，超越自我。松阳在教学生学习书法的同时已经超越了自我，大家一定记住：这可不是简单意义上的超越，而是心理上的一种重建。就在付出忘我的，不求回报的仁爱地过程中，人的心理健康最终得到实现。

松阳老师一直对我讲，能够把自己的书法艺术投入到国家的教育事业之中，便是他此生无上的光荣。他这么想了，也这么做了，一直做到了今天——八十岁。

庄子曾说：“吾生也有涯，而知也无涯。”他很谦虚地指出了学无止境的道理。大家都知道爱因斯坦是20世纪世界上最伟大的科学家之一，他提出的相对论及其很多方面的研究结果都是世界人类一笔用之不竭的财富。即使这样，他还在有生之年不断地学习、研究。有一次爱因斯坦在课堂上讲课，一位年轻的学生问他：“您的研究可谓是物理学界空前绝后的成果了，为何还要这样认真地学习呢？为什么不休息呢？”当时爱因斯坦并没有急着回答这位年轻学生的问题而是转身用粉笔在黑板上画了一个大圆和小圆，然后转过身来对年轻学生说：“在目前的情况下，在物理学这个领域里，你知道的正如这个小圆里的，而我知道的是这个大圆里的。可我们这个圆外的都是我们不知道的物理学知识呀！

无边无际，所以我要努力的去探索这圆外的。”爱因斯坦的比喻恰如其分地说明了人都应该有一种谦虚谨慎、永不自满的精神。

《孔子家语·弟子行》中说:“孝，往之始也; 悌，往之序也; 信，往之厚也；忠，往之正也。”意思是说：孝敬父母是道德的开始，敬爱兄长是道德规范的次序，讲信用是品德中的忠厚，忠诚对人则是品德中的正直。松阳先生的一生过着背井离乡的生活，在他的故乡深州只待到了15岁，便来到北京开始了他艰难的生活历程。尽管松阳与家人聚少离多，但他对家人的爱丝毫没有减少，他在与我们的谈话中，每次提到他的母亲、父亲及妹妹等亲人，话语中可以看出浓浓的爱意，尤其是对他的母亲，每每想到她，他总会难以抑制心中的悲恸。他曾说：“在这个社会上最无私，最无要求回报的爱，是母爱！她只是本能的爱，真是‘碧海水深三千尺，不及天下父母情。’”

母亲的伟大，从古至今，有很多美谈，孟子的母亲为了他的成长曾经搬迁过三个地方；唐宋八大家之一的欧阳修很小就失去了父亲，是母亲含辛茹苦地把他养大，并经常给他讲做人的道理。这样的母亲们很多，她们无论吃多少苦，受多少累，只要看着孩子正直、善良地长大成人，母亲便会觉得自己的付出是有价值的。

松阳先生在教我们书法的同时，他始终把孝父母放在第一位，经常给我们这些弟子讲要对父母好，不仅仅是给他们物质上的满足，更重要的是给父母精神上的安慰，让他们体会儿女的情感，千万不能冷淡父母的感受。他的这种教育方式有些跟不上社会的形式，但是他的教学理念里包含着中华民族的传统伦理，而我们这些学生在学习松阳先生的书法艺术中，给我最深刻的恰恰是他的这种传统的观念。我无法去做一个完整的统计，松阳的学生中有没有不孝顺父母的。但到目前为止，我接触的这些师兄弟中都是对父母非常孝敬的。有时候我们小聚，谈论最多的还是父母的健康和生活。有时我经常自问，人的最高境界是什么呢？这里的“高”并不是指身份地位或者形而上学意义上的高，而是一种追求真善美的人生态度，以及如何在有限的人生中活出意义。

人生，贵在要有一种至高的境界。人在生活里都绝对是被动的。那么，我们在被动中，在困难中如果还能够超越自我，能够有所作为，这便是一种至高地境界。请读者要清晰地认识到，这种境界是在有限人生中所应具有的一种精神高度。而这种精神高度的起点不是放在个人狭小的生活圈子里，而是时时刻刻与国家、民族和人类的发展保持一致。

有一次，随松阳先生冬天去河北，正赶上河北干旱，对农民来说，如果再干旱一周，小麦苗的成活率会大大下降，明年的收成自然会减少。我和松阳先生住在酒店里，他坐在椅子上忧心忡忡。过了三日，早上起来，却下了场大雪，拉开窗帘，厚厚地雪盖满了房顶。松阳高兴至极，不能言表，他的这种高兴，完全出自本心，毫无造作。他也并不觉的这是在关心他人，相反，松阳先生说：“我小时候挨过饿，跟着母亲要过饭，对农民和农村有着深厚地情感，农民最高兴的就是收成好！下雪了，小麦来年就能高产呀！”

松阳的这种情怀，是本心的一种怨天悯人的情怀，是一种“人到无求品自高”的情怀。有时候人在现实的生活中并不是如意的，我们很难去改变他人或这个世界，只能通过改变自己的心性来影响别人。一个不争的定律：“要想事变，须要己变。”

这个世界是一个矛盾的世界，如果我们用欣赏的心性去感受它，那么他便是一个阳光明媚的世界；如果我们用排斥的心性去感受它，那么它便是一个黑暗无助的世界。同一件事，心性开了便是天堂，心性闭了就是地狱。不要总以为“人去楼空”，更不要总认为“人走茶凉”。实际上，往往是“境由心造”。生活中的一切随“心境”而美丽，随“心境”而丑陋。

有一次，我们学生去松阳先生家交作业，他给我们每个人的书法作品作了详细的评点。

最后他给我们讲道：“各位同学，经过你们的努力，你们在书法上的进步是非常大的。记住：书法技巧上的进步并不能代表你形而上的意识形态的进步！大家一定要培养自己的修养，多看文史书籍，今天我给大家讲一讲孔子的高徒子贡这位儒商。

春秋末年，孔子的得意门生子贡活跃于各国之间，精通商道。虽然当时的人早期经商活动还是处于初级阶段，但子贡却能够放下架子，在几国之间往返从事贸易活动。他不辞辛苦，兢兢业业，家中的财富竟至‘累积千金’，成为孔门第子中唯一的巨富，用现在的话说叫‘大款’。

子贡以其特有的风范享誉于多国，他虽是一个商人，却恪守

●松阳老师 2012 年在衡水中学为学生示范书法时留影

●松阳老师与李霞老师 2012 年在衡水中学为学生讲解书法知识时留影

‘尚义尊礼’，有舍小利而取大义的精神。他一直不忘儒家传统，讲究诚信。虽有万贯家财，却富而不骄、富而有仁，多行仁义之事。在《吕氏春秋》中记载着子贡自己曾出巨资赎回一批鲁国奴隶的善举，直到今天我们还流传着他的美名。

孔子所教悔的‘己所不欲，勿施于人’是子贡认真执行的标准，他坚持以诚待人，诚信经商。在《论语》里多处记载了子贡虚心向老师孔子请教‘信’的问题，他深知‘信’是他在经商中的立足之本，‘言必行，行必果’是子贡立于不败之地的法宝，最终达到了‘义利双赢’的最高经商境界。子贡在当时不仅受到了各国国君的敬重，也被穷苦人民所爱戴。

各位同学，子贡虽以堪称高明的手段经商致富，但他又是一个恪守‘非礼勿取’原则的儒商。他拿出经商之得，积极支持其师孔子周游列国，宣扬仁义治天下的政治主张，并经常帮助那些贫困者，为社会和老百姓做了许多好事，因而得到了社会和后人的称赞，最终成为儒家的典范。”

松阳先生给我们弟子讲这个故事的目的是让我们在生活和做事之中要顾及四周，不能一味的追求名利。他也希望自己的弟子们都能像子贡那样的优秀。听了先生的话，心情沉甸甸的，先生的期望，我更应该努力，至于结果就不要先去思虑了。

从古至今，商人之道往往被人们认为是与道德对立的。人们时常认为商人在市场交易上是冷酷的，不近人情的。在他们所经商哲学中，以少投资赢大的利润，为他们所坚持追求的目的。可是，不管你做什么生意，你的市场活动是脱离不了社会这个大的环境的，你销售的商品必然要与顾客发生这样或那样的关系，如果你为了获得利益，不守诚信，坑蒙拐骗，是必给这个社会造成不良的影响。

在社会中作为一个人，不管你从政还是经营其他行业，都应该做一个堂堂正正的人，这是人区别与其他动物的最起码的品质。古人云：“君子爱财，取之有道”，就是讲的诚实守信的道理。

一个企业要想有巨大的成功，首先应把诚实守信放在第一位。诚信是做人的原则，是一个人道德水准的集中体现，也是企业立足的根本。每个人都希望自己生活在一个公平、和谐，到处充满爱的社会里。因此，我们需要诚信，我们呼唤诚信。

正如毛泽东同志所说：“一个人能力有大小，但只要有这点精神，就是一个高尚的人，一个纯粹的人，一个有道德的人，一个脱离了低级趣味的人，一个有益于人民的人。”我想，松阳先生的内心世界也渴望生活永远充满阳光，社会文明得到新的发展。

北京官园成立少年书法班，组织者陈文忠把松阳请过去任教。他一听是教小孩子们，心里便乐开了花。节假日从来不休息，一心一意地辅导小学生书法，从不减少课程。萧劳先生正是因为松阳有一颗无私奉献的心给孩子们，在他累病之后多次登门看望，

●1982 年松阳老师和中南海领导于金大姐及工作人员合影

听到社会一些谣言，气的萧劳先生说：“把艺术绝对的商品化是对人民和后人的犯罪，不要听那一套，我知道的弟子是一个豁达大度的人，何必与那些小人计较。”

“首钢”办书画培训班，松阳也不辞辛苦地去讲课，把自己对书法的挚爱，奉献给广大的书法爱好者。即便是这样，又有多少人能理解呢？也只有师母王存巧了，师母曾对我说：“你的老师把自己的艺术无私的奉献给了社会，给这个世界增添了美好的艺术色彩。可他的真性情，往往引来了不少人的嫉妒，可他自己却不知道得罪了人。事情总会过去，你的老师在任何困难面前都不曾退缩过，希望你能继承他的这种精神！”

人生是残酷的，又是美好的，松阳面对生活的态度就是二个字“坚忍”。尽管松阳先生已八十岁了，他还是注重年轻学生的培养，呼吁学生多为社会做贡献，教导学生要“坚忍”。他说：“人生在世不容易，一定要做到“坚忍”二字的境界。所谓‘坚’就是勇于进取，坚强不屈、坚定不移。所谓‘忍’就是持之以恒，百折不挠、能屈能伸、不计荣辱。二者一刚一柔、一强一韧、一方一圆，合在一起，与‘一阴一阳之谓道’道理十分相合。一个人只要能坚能忍，就会无敌于天下，希望你们能够做得到。”

松阳对学生的这片情怀，我每日深悟之时便难以入眠。如何做一个恰当的评价呢？还是用曹操的一句话来表达他为学生操劳之心吧——“老骥伏枥，志在千里”。

松阳真可谓是“伏枥师生情，天下育达贤”。他的爱国之情又是如何体现出来呢？他的书法艺术在中国书法史上能否留下浓重的一笔吗？且看下章故事。

第八章·肝胆耀华魂　丹青万古传

第八章 肝胆耀华魂 丹青万古传

绝大多数情况下，人们都喜欢听好话，而不愿意接受批评，有些人甚至错误地以为评论自己的人是有意和自己作对，甚至把对自己提出批评意见的人当成仇人。这是没有必要的，事实上事情并非完全如想的那样，对提出批评观点的人来说，他们更多的是智慧和真诚的，对这些智者而言，并不是所有的人都能得到他们的批评指正，只有那些他们认为有可塑性和上进心的人才值得他们提出意见。

松阳曾经在华北楼开业的那天受到一位长者的批评。

华北楼开业那天，松阳等到祝贺的人都散了，自己站在“华北楼”匾额下听别人议论。突然一位老者出现在匾前，老人一身青衣，脚穿方口黑布鞋，上穿宽大灰布袍，两眼炯炯有神。这老者用欣赏的口味说：“就这字，没有三十年工夫写不出来。”

“老先生，您是如何看出的？”松阳很惊讶。

“年轻人，我习书五十余年，深知其中法度，此人悟性不强的话，照本宣科，练得一生亦是不能出新的。”老者转身对松阳说。

松阳一听便知是位行家，且对书道悟得很深，其中他讲的“悟性”二字非一般书者所能思得的。松阳客气地向老者请教：

“老先生，能说说这块匾的不足之处吗？”

老者回头一笑语重心长地说：“要说不足就是死气，放得不开。若再放开些，此匾会更加完美，写匾之人若能在行书和草书上下工夫，定有大成！”

松阳认真的听着，知道这位老者是位高人。突然老者便问“先生，能否告诉我你的尊姓大名吗？”

松阳这下有些措手不及，本来是想从侧面听一下别人对“华北楼”这块匾额的意见，从中汲取营养，结果还真撞上了行家高手。

“老先生，我真诚的感谢您，您指出了我书法中的缺点，实不相瞒了，这‘华北楼’的匾出自拙手，请前辈赐教。”松阳谦虚地说。

老者眼睛一亮，十分惊喜。他伸出手与松阳相握。钦佩地说：“松阳先生如此年青，在书法之道能有如此造诣，令老朽汉颜啊！先生虽小，但在书道上你为我师！先生之字，一展书魂正气，二能造福苍生，现之书界不多矣。”

“老先生过奖了，晚辈受之有愧。”松阳十分谦虚说。

分别之时，老者又说：“老朽家住古城西安，西南山云峰寺不远处有一座闲院，名曰古墨斋，自封道号：古墨仙人。松阳先生若与我有缘，请你到此论道，今日有二句送给松阳先生：‘逍遥只问丹青事，任尔沧桑化海潮’。”说完头也不回，消失在茫茫人流中……

目送古墨仙人远去的背景，松阳心情十分沉重，他似乎觉的像是在梦里，大千世界，无奇不有，这位老者是仙，是神，是人？一连串的疑问，他似乎百思不解！不过，松阳清晰的知道这是一位给自己讲真话的人。

●松阳老师在北京书写“美霞”艺匾

●**松阳老师在北京书写“紫兰”艺匾**

俗语道：“忠言逆耳利于行，良药苦口利于病。”

松阳从此更加勤奋的学习，他心里记着古墨仙人留下的话：“逍遥只问丹青事，任尔沧桑化海潮。”在后来的思悟中，松阳给这句话作了个诗解：

“蓬云急回首，晨海绕过楼。
寒松清香远，道君莫停留。
憨情遍岭阅，奇岚俏中游。
英骥志德神，东方晓尘洲。”

自从松阳题写了“华北楼”的匾额，一些报纸把他的名字吹上了社会，还有那位制作匾额的郭春杭，逢人找书写匾额的，就把人带到松阳的家里来，有时领到单位去，这样一来，给松阳带来了很多差事。“北京丝绸店”的来了，不久“天盛斋”的老板跟着郭春杭后面进家来求字，“紫兰”时装店的人也来求字，“美霞”服装店老板也找上门来；后又写了“思元居”，“福云楼”，“怡岚亭”，“荟贤楼”，“英顺楼”和“正阳楼”……

松阳写了这些字，不但不收钱，有时还要往里搭纸钱！他到底为什么呢？是为名，还是为了利？都不是，他心中念着的是十五岁来北京，一路走来，北京这座城市给了他人生的发展，所以他写了这么多的匾，是为了美化北京城，让自己的书法艺术陶冶北京人民的情操，并无任何尘念。

随着松阳名气的增大，求字的人应接不暇。

一个雨天，一得阁的王永年穿着雨衣推着自行车走进院中。这王永年与松阳是故交，特别是松阳进入一得阁后，两人是情同手足。

松阳知道，没有特殊事情，他是不会冒雨而来的。在松阳的心中，对王永年是十分敬重的，在人生关键的时候，是他把松阳要到一得阁来的，又是他推荐为华北楼饭庄写京都第一匾的。接踵而来的繁忙，都是因为华北楼引起的……

想到这时，松阳赶忙起身把王永年请到屋里问："下这么大的雨，有什么要紧事？"

"惹麻烦了，我必须现在找你不可！"王永年急切的说。

"王老弟，麻烦从何而来？"松阳问道。

"日本人非要见见你，要你写一幅字。"王永年又惊又喜地说出了真情。

原来，日本一个访华团在逛前门大街时，他们在华北楼的匾前流连忘返，合影留念，其中一位颇好书法的成员问导游："能否找到书写此匾的松阳先生吗？他的书法了不起，我非常的喜欢！"

这位导游在北京虽看到松阳先生的字很多，却不认识松阳呀，于是便说："我试试吧！"

日本访华团的那位成员着急地对导游说："我们已定了后天回日本的机票，请您一定找到松阳先生，我要带他的一幅字回日本，拜托！"

导游说："我尽力办。"

"非常感谢！"

游览结束后，导游把这件事告诉了领导，领导非常重视，因为这涉及到的是一次中日文化交流活动。他们便给电台打电话，电台找到《北京日报》记者部，最后找到一得阁的电话。

当天夜里，一个电话打到一得阁办公室，寻问松阳在不在？值班领导了解情况后，找到了主管设计的王永年说：

“快去松阳家中，日本的一个访华团要收藏他的墨宝，明天九点钟的飞机离京，请他务必今晚为日本朋友写一幅。”

王永年饭也没顾上吃，他知道这是涉及到外交的事情，于是骑上自行车冒雨到松阳家来。

听了王永年的叙述，松阳一边让夫人王存巧为王永年做饭，一边构思日本人所要的作品。松阳想起了长城，想起了黄山，想起了……

他心想，这幅字一定要日本人领略一下中国的书法艺术，耀我中华之神威！

想到这里，大笔猛浸在墨池中，气意饱满之后，一气呵成，写下了“万里长城永不倒”七个大字。

王永年顾不上饿着的肚子，惊叹不止：“老兄，这何止是一幅书法，字气之中，彰显这中华之魂，是一幅不可多得的绝品……”

松阳欣赏之后，觉得气、势、神十分理想，取印章，深深按了下去，然后对王永年说：“你去给他们送去吧，我就不去了。”

这时，王存巧说：“饭做好了，你们哥俩喝一杯！”说着把酒放到了桌上。

松阳给王永年倒满一杯酒，自己也倒了一杯说：“老弟，字的本身意义并不大，主要是字里的民族情感才是书法艺术的真谛呀！我几十年如一日的悟它，却走不出这颗爱国的心啊！”说完端起酒杯一饮而尽。

“贾兄，日本人欣赏你的墨迹，应该是欣赏的你刚才所说的民族情感吧！说不定哪天，日本国请你去，到那时，你一定能够再耀我中华神威的。”王永年说完，把杯中酒一饮而尽。哥俩又喝了三杯，王永年把松阳的书法装进宽大的衣兜里，穿上雨衣，起身告辞了。

事情还没有结束，没几天，有两名记者来到松阳的家里，他们说明来意之后，要把因“华北楼”匾额引起的这段趣闻在报上发表。松阳老师有些急了，说：“二位记者，千万不要写，小事一件不能上报，易迷惑人，将来有值得写的大事件再写吧！到时我会找你们的，那时候不一定写我个人，一定要把我们国家的优秀传统文化宣传好，把中华民族传统书法宣传好。”

两位记者听了松阳的这番话，不解的问道：“贾先生此话怎讲？”

松阳想起了古墨仙人曾说过的“逍遥只问丹青事，任尔沧桑化海潮。”两句诗。一位书法大家，要有弘扬中华之盛气的魄力，要用精气神写出中华民族的精魂，要达到痴迷的境界，才能扬我国威，才能用中国东方独特的书法艺术惊醒世人！他想到这里，把古墨仙人赠给他的二句诗讲给了记者听，他们点头称赞，盼望着贾先生有所大成。

临分手，善于扬人之长的两名记者还是拟出了有关“华北楼引来日本客，贾松阳雨夜赠书法”这段趣闻。不久，各大报纸均以显要位置和篇幅，刊登了林为民和王达仁两位记者的文章，北京电台在《文化生活》节目里全文播出。

此时的松阳被好心的记者推上了历史的舞台，历时四十多个春秋的锤炼，一夜之间享誉京华。这给他的精神也带来了压力，如何成为一个名副其实的让人民喜爱的书法家，如何让自己的书法艺术转变成精神文明，传播到人们的心中，给人以美的享受，这似乎成了贾松阳先生将要研究的重要课题……

1981 年的秋天。

● 1995 年松阳老师在河南郑州用气功书写巨笔“昇”字现场

细雨在秋风中不停地飘落，给这古老的北京城增添了几份凉意，中秋节临近，处于北京三里河的钓鱼台国宾馆，仿佛已有了节日的气氛。

中日书法交流活动在此举办，正值宴会之时，一片祥和的气氛之中，双方频频举杯，酒兴正浓。

看得出这次来访华的日本书法代表团的代表算的上日本书法界的名家，他们对中国的书法，从理论到书法历史都有了深刻的研究。

萧劳与日方书法代表团的正副团长并坐。他今天格外高兴，作为中国当代书画研究会会长，他比任何人都清楚，这是中日两国之间的一次书法大比武！其意义深远，如果日本在这次书法交流中旗开得胜，对中国的书法艺术在日本的交流与传播，无疑是一种损失。萧劳知道目前日本正兴起书法热潮，在北京、天津和上海等地常有日本书画访华团出没，高手如云，使中日两国的书法爱好者，彼此切磋了技艺。

从日方正副团长的言谈之中，看的出他们是研究中国书法的行家，使萧劳有所震动。所以这次他亲自出马，一般的书法交流，年过古稀的他已经很少出场了，这一次是高层次的文化艺术交流，盛情难却。萧劳从日本代表的言语之中读到了他们不会给我们硬拼中国的传统书法技术的，他们的功底是欠缺的。所以他们只能是把书法书无定规，聚墨成形，出奇出新，以绝制胜。在他们的眼里这是他们对书法理解的内涵。这也代表了日本研究中国书法的一种发展趋势，是一种日本式的赶时髦的书法形态。所以萧劳特意请大篆刻家刘博琴到场，另外，他想到的是自己的得意弟子贾松阳。

这天酒宴过后，双方将进行书法表演。宴会厅里围满了宾客，此时的松阳耳边想着萧劳在电话里给他讲的这次书法交流的意义，希望他能崭露头角，以绝惊人，要发挥好，给日本书法代表团一个绝奇的印象。松阳从心里产生了一种未曾有过的负担，平时他从书法报上看到过日本书法家写过的字，无非是一些文字的变形体，再加上一些用笔的技巧，使字有一定的新意，给中国的一些观众留下了些印象。如果从中国书法的内涵上讲，便会感觉到他们的字是一种浅薄的堆积而已！中国的方块字有其象形或象意的演变，都是建立在“方”的基础之上的，不是简单的从形意上去表现，如果这样认为，中国书法艺术就缺少了它存在的价值同时也是文字学研究的失真，最终给人一种哗众取宠的感觉，显得轻飘而不合乎实际。如果取日本书法家的长处，丰富中国书法的表现形式，掌握文字部件的每个最本质的特点，若从悟奇、悟真、悟新、悟绝、悟深、悟厚上去表现文字，最后融合为一种流派，使书法既显的厚重苍健，其势静如山安，动如奔流。表现出的是中国传统书气的特点，更能表现出华夏人文精神的坚韧，这也是中国书法该走的创新之路。

松阳怀着非常复杂的心情来到表演的大厅里。

一阵掌声之后，双方代表分别来到书案前，日本代表团领队毫不拘束的拉开架势，在六尺整张宣纸上挥动大笔，一气写下“樱花”二字，那“樱”字写的优美流畅，仿佛是一棵参天大树；特别是那“花”字写的奇妙，利用意识形态，字不成形，上面的草字头抛向天空，下部则洒落到底，展示了日本国想“上天入地”的情怀。

一时，掌声四起，日本代表团秘书长看到第一位出场者颇有气势，举起双手伸出大拇指，脸上露出了必胜的笑容。

萧劳为日本友人的书法流畅而高兴，知道这两个字是费了不少工夫的，只是用笔散了些，但立意和结构新颖。他边写边吟，的确是一位文学深厚的老者，他用诗情字意表达了中日书法家共聚一堂喜悦的心情，表达了中国文人的含蓄，表达了中日人民的友谊，天长地久：

扶桑秋来客，
华夏菊作杯。
同饮江河酒，
共墨一家魂。

萧劳的诗和书法把人们的目光一下子聚了过来，刚才书写“樱花”二字的团长，拍手连声叫：“绝妙、绝妙。”

热烈的掌声，把在场的人们上气给鼓动起来了！

日本书法家再一次派代表出场，速度极快的蘸墨书写，在四尺整张宣纸上写了“神”字。由于用笔太快，墨溅于“神”字周围，并没有展示出“神”字的韵味来。

观众们的掌声稀少，日方的秘书长顿时脸上露出一丝的遗憾，摇了摇头。

中方出场的是北方第一篆刻大家刘博琴，他胸有成竹的在六尺整张宣纸上，一口气用篆书写出了“江山如此多娇”六个大字，使在场的人士气更足！他们终于领略了这位篆刻大师的风采，日本书法家们被他如此的熟巧的笔法所震惊，一个个看得目瞪口呆。

再一次长时间的掌声响彻在大厅。

接下来是日方秘书长上场展示，他心中不悦，情绪不定，最后他突然心生一计，让松阳这个年轻书法家亮一下相，也许他会败下阵来，好给日方留个面子，如意算盘打定之后，便对松阳说：“贾先生，请您试一试如何？”

松阳一听让试一试，一股傲气冲上心头，写就写，试试是什么意思？边考虑，边直奔书桌前，抓起桌上的九只毛笔，大小都有，左手握紧，深吸一口气，静静的站在书桌前……

所有的宾客都被他左手握毫这一举动所吸引，不知道这位号称“京都匾王”的书法家为何一言不发，闭眼静思，站在那里一动不动。日方这位秘书长心中暗自高兴，以为贾松阳写不出字了，脸上掠过几分得意。

此时的松阳心情澎湃，他在想，我中华民族传统魂宝传到日本才几年，你们又何必在此狂妄呢？放心吧！中华民族的书法艺术用左手写的都能让世界震惊……想到这里，他眼睛猛地一亮，笔落在纸上，一口气用左手写下了“华魂”二字。

笔未落稳，宴会厅里掌声雷动，全场震惊。那位日方的秘书长被松阳的左手“华魂”给惊的一句话也没说出来，那气势若飞流瀑布，那气韵如猛虎下山，彰显了狂草书法的风流。

日本书法代表团的所有书法家，围在“华魂”面前赞不绝口。

他们的团长真诚的对松阳说：“贾先生，一定要到我们日本传播书法技艺！”

松阳心想，本来书法的源头就在中国，作为日本的书道，其实是中国文字的改造罢了，等有机会一定去日本扬国粹文化。

时与日驰，转眼到了1989年冬。

一个星期天，一位叫曹若卿的女翻译来到松阳家，向松阳说明来意。她说是代表日本的一位企业家樱井来专程邀请松阳先生东渡日本进行书法交流的。

其实这位曹女士不知道，很多国家邀请松阳去交流书法，他都没有去。她也知道，最近中国长城工业公司正在牵头，要组织一个代表团访问日本，也在樱井先生的邀请之内。所以，请松阳先生一同前往，是樱井的最大愿望。

曹女士说：“松阳先生，能否带着您的世界之最大毛笔去表演？”

“不成！”松阳的脸上掠过一丝不愉快的神情。

“我们中华书法的神奇，不能当成商品去卖钱。决不能！”

曹若卿忙向松阳解释说：“贾先生，我的意思是进行国际文化交流的小型书法笔会，您不要误会！你这次若愿意去日本书法交流，也是我们伟大祖国的荣耀呀！”

最后，松阳终于答应了对方，曹女士临走时把具体去日本的时间给松阳作了交待。不久，一个由九人组成的“中国文化艺术代表团”从北京国际机场飞往日本，这一次王存巧作为松阳陪同一起前往。

飞机升空后，松阳此时心情如大海波涛，久久不能平静……王存巧坐在他的身边，她深知松阳的心中之想，便故意问道：

“怎么，不舒服？”

“没事，不用担心，我正在想，到了日本，我只能长咱们中国人的志气，不能丢了中国人的威风。”松阳语重心长的对王存巧说。

松阳说完又回到了沉思之中，想到了他家乡让他牵挂的母亲，想到了万里长城，想到了……突然，一种难以表达的激情在他胸中升起，仿佛这次东渡日本是给自己的一次异国他乡的锤炼，作为中国的一名书法家将如何表达这颗爱国之心呢？

松阳正想着，飞机一阵长长的滑翔，停在了东京机场，樱井先生早已在机场等候了。

他们互相问候，便趋车向樱井的企业。参观完樱井的企业，饭毕，把松阳一行送到宾馆休息。

第二天，松阳便把自己带来的精品书法挂在了展厅里，还未向外开放日本的各界人士已越来越多，被松阳先生的书法所吸引。

挂完作品，樱井说：“贾先生，请您向日本的人民展示一下中国书法创作的风采吧！”几个记者赶忙把镜头对准了挂在展厅的展品，之后，又把镜头对准了松阳。一位记者问道：“贾先生，听说您是世界上唯一能写出巨字的气功书法家，是真的吗？”

松阳一听这记者有些猜疑，颇为自信地说：“书法是中华民族传统文化的瑰宝，又是中国人民智慧的结晶。在我国的东晋时期已产生了草书，发展到唐朝时，出了个怀素和尚，写的一手狂草，至今还未有人能超越他。我把中国书法的领域拓宽了些，从形的大小上跳出传统书法的樊篱，用狂笔写巨字。这是一种创新，目前为止，世界上能写巨字的书法家只能在中国。”

在场的记者和观众听松阳这样一说，惊喜不已，茨城的议员们觉得不可思议。

“贾先生，请您即兴表演书法技艺如何？”樱井先生再一次请求。

松阳的目光向四周扫了一眼，他知道，围观的人群早已把视线射向这里，还有不少人向这里拥来。顿时，一种民族的自豪感油然而生。他把带来的所有毛笔取出来，每一只手均握九只毛笔，在宣纸上一口气写下了“中日友谊深，墨香飘天涯”整幅狂草。茨城的议员、记者、观众们无不惊叹，他竟能用双手同时写字，而且用那么多毛笔，一挥而就，此时，掌声不止，整个表演进入了高潮……

“松阳先生，听说您的中国功夫很神奇，能否表演一下？”樱井先生再次请求。

于是，松阳先打了一套小时候跟师傅学习的形意八卦拳，他脚下若生风，手眼步配合得当，好不精彩。他这套简单的拳法让日本的少男少女惊叹不止。

半小时后，松阳做出了收式的动作，双手抱拳，向围观的人群施礼说：“练得不好，请多指教。”狂欢的人群爆发出了掌声……

在茨城住了近十天，圆满的结束了这次文化交流活动，随后游览了东京等地。

就在松阳从东京回到北京的第二天，接到家中发来电报，电文上写的清清楚楚：“母病危，速回！”松阳接到电报，顿时全家一齐为老母亲揪起心来，当天夜里松阳从永定门上了回家的火车……

第二天，上午九点钟到了他熟悉的前磨头。那条小河，还有两岸陪伴的白杨树，在这冬末春初的季节里显的萧条。看着这眼前的一切，引起了松阳对许多往事的回忆……

十五岁离开家门，奔北京做学徒，直到父亲病逝，回乡组织了一次书法展览，就很少回家了。想起父亲去世的情景，他记忆犹新，仿佛那件不幸的事就在昨天发生。现在，母亲年事已高，她唯一的希望就是在有生之年，能住上青砖大瓦房，老人的要求并不过分吧，然而，到今天也没能满足她的这个要求……

●贾松阳与王存巧在深州家中与母亲合影

想起这些，松阳心中十分难过，见到母亲，不知该向母亲如何交待……

他托着沉重的脚步迈向自己的家门，这里依然是那几间土坯房，见到这老房子便想起了贾氏家族在这座院落中生活的苦难岁月，此刻松阳猛然意识到自己的责任，他决心要在家乡建一座书院，一来是让家乡有个景点，二来可以引来外地人观光，三是报答母亲的养育之恩。

一进门，看到母亲躺在早年父亲去世的土炕上，室内物件依然陈旧，几件老掉牙的家具。她发现儿子回来，目光一亮，几次想坐起来，却没有一点力气了，只是意识性地挣扎。

"娘，您好些了吗？"松阳进门后，一下子扑到母亲身边。

"孩子，你现在出息了，出了大名了，乡亲们都知道，应该给乡亲们多办好事。不管你出多大的名，有多大的本事，你都是咱高赵圈养大的娃子。"不知为何，老人的话语之中，丝毫不提自己，嘱咐儿子最多的是如何待人处事。

"知道了，娘，您老人家的教导儿铭记在心里！"

"我已经八十多了，日子还能有几天呢！一辈子受苦受累，在这里过着平淡的生活。现在人老了，身子老添病痛。你往后要多回来看看娘，说不定哪天，我就不行了。孩子，再忙也要回家看看，娘还活着……"她说的很悲凉，很心酸，又很让人深思。

松阳眼含热泪，点了点头，把嘴凑到娘的耳边说：“娘，我想在家建一座书院。”

“你要盖房子？”母亲脸上露出了惊喜，仿佛病去了一半。松阳把自己的想法细致的给母亲说了一遍。最后又说：“娘，这书院盖好后可以让村里的娃子学习，可以举办文化活动，可以办书画展览，培养书画人才，就像是一所学校那样。我是这里长大的人，我不能忘本……”

“孩子，建书院和盖房子是一回事，建了书院咱就不盖新房子了，书院能给咱高赵圈人脸上增光彩，这是值得做的大好事，儿，盖吧，娘争取活到书院盖起来再去见你爹，让娘也放心……”

一股母爱的暖流包围了松阳的心胸。

“娘，我立即就盖……”

松阳为了母亲的那份期盼，他跑了县里，跑了行署，还去了一趟省城。有朋友劝他把书院盖到省城或衡水，他却婉言谢绝了。

●2006 年贾松阳老师与孔维阳在衡水湖合影

●贾松阳与李霞在河北松阳书院门前合影

他决心已定，为了母亲的一片心，书院一定建在家乡。听说著名书法家回乡盖书院，当地的一些企业家慷慨解囊相助。

书院就在他回乡期间动工了。

消息传到北京，王存巧知道丈夫要盖书院的事，毅然领着三个孩子回到老家。边照顾重病的婆婆便帮着干活。前几年，她把老人们接到北京，住不习惯再送回来，感动的老人逢人便说："俺儿媳妇是位好媳妇，待俺比亲闺女都亲。"

经过二个月的紧张工作，新建的"松阳书院"一期工程已经完成。

书院正门朝东，门楼上的石匾上，由全国政协副主席杨成武将军亲笔题写的"松阳书院"四个碧绿色大字悬挂中间；进门是白色影壁，上有松阳老师书写巨字"龙"；北屋正堂门匾由松阳自己挥毫的"蓬云阁"三个鎏金大字。书院气势磅礴，给人以脱俗之感。

突然有一天早上，松阳夫妇还未起床，母亲却自己从床上走到书院后的东北角张望，一看便是一个小时。松阳和王存巧不知道她在看什么。

“娘这是怎么了？”

王存巧看到婆婆有些反常，背后偷偷地问丈夫。

“娘是有些反常，按道理她病成这样是起不了床的。“松阳也有些疑惑。

没几天，母亲把松阳、王存巧和孙子、孙女们叫到床前笑着说：

“俗语说‘儿不嫌娘丑，狗不嫌家贫’家乡的事要尽量去办，没有这块大地，也没有你的今天。娘虽一辈子没过好日子，但养了一个能为国家做点事、争口气的儿子，死了也放心。你们记住，无论在任何时候，都不能忘本！多为国家、为家乡人民办好事，当一名让人喜欢的人……”

松阳正想回答母亲的话，母亲却永远地闭上了眼睛。值得欣慰的是在她临离开生活了八十七个春秋的黄土地时，她亲眼看到了儿子建造的青砖大瓦房书院。

●贾松阳在河北松阳书院蓬云阁前留影

母亲的突然去世，松阳万分悲痛，这悲痛笼罩了高赵圈。松阳夫妇做梦没想到，她的床前谈话却成了遗言，母亲走完了他八十七年的生命历程，在儿女和乡亲们的悲痛之中，这位平凡的母亲长眠这块平静的黄土地下，她博大的胸怀，就像这土地，给活着的人留下的是宽慰……

1992 年的春天，几辆载满石碑的汽车开进了高赵圈……

这些石碑上镌刻着中国当代名家的诗句和书作，松阳把这些石碑都镶钳在书院四周的墙壁上，有了这些石碑，这四周的墙便叫“碑墙”了。

大书法家孙墨佛先生是百岁老人，还是民主革命时期孙中山先生的秘书，跟随孙先生多年，才华横溢，在民主革命时期历史上留下了光辉的一页。听到“松阳书院”落成的消息，高兴地说：

“松阳是一个从农村走出来的一个闲不住的书法家，把书院

●贾松阳老师与李霞老师在松阳佛院碑墙前合影

●贾松阳老师在松阳佛院碑墙前留影

建在自己家乡这是一件好事，把当代中国书家的精品汇集书院之中，真是一个创举。”欣然写下了：

松阳朋友纪念

美化乾坤新世界，安排宇宙大家庭。

百岁老人 孙墨佛

孙墨佛先生的的书法苍劲，柔中带刚，不愧为孙中山先生的秘书，文气惊人。

近九十岁的萧劳，得知弟子松阳建成书院，特写诗一首祝贺：

霜初秋去雁来天，

生而别开菊作筵。

若假王宏一杯酒，

便当一醉一陶然。

松阳同学雅嘱，八十九叟萧劳

萧先生的诗意达观，不愧为中华书坛的文豪。

当代著名画家崔子范为松阳书院落成画了一张“苍鹰图”。画中的雄鹰高瞻远瞩、傲视天外，胸装四海，眼览天下。款落“松阳先生嘱正”。

南方书法大家沙孟海挥笔写下“笔歌墨舞”四个大字以示祝贺。他的字浑浊雄奇，有江河落日之境也。

著名书法家费新我，得知气功书法家松阳书院落成，病中得绝句并左手书：

树雪明窗纸，瓶梅落砚池。

松阳同志 费新我左手

中国当代大画家郭传璋，欣然画了一幅“苍竹图”，竹叶如飞雁，高风亮节，乃奇新绝品。

●贾松阳老师与孔维阳在河北松阳书院合影

刘博琴是中国当代大篆刻家，被誉为“中国篆刻之泰斗”。他常为松阳制印，两人关系甚笃，结为君子之交，他为书院篆书墨迹为：

开张天岸马，奇异人中龙。

还有很多作家诗人都为书院的落成精作了文章和诗篇，为这个小村庄的书院增添了无限的光彩……

自从书院建成后，松阳老师每年的“五一劳动节”或“十一国庆节”都会组织书法展览活动。有很多人不理解，甚至有的人说，在小村庄里搞展览，谁去看呐！

其实，这是松阳老师的一种怀念亲人的情节，特别是对他母亲的那份怀念，都融进了他每次的书法展览活动中……

人的一生需要经历很多事情后，才会明白那时的幼稚，没有经历过挫折失败的人是不完整的，只有经历过风雨，才能更加看清自己，更加懂得珍惜现在所拥有的一切。

随着时光的流转，青春已逝，年华渐老，慢慢地终于明白那些人生的常态仅仅只是平淡人生的某段插曲。

不论年青时如何的荡起回肠，轰轰烈烈，最终都会逐渐趋于平静——人生的常态是平淡。只有平淡才会给心灵带来安宁，同样也会带来激情，这种激情是在平静后，修养后对艺术自然创作的创作需求。

特别是当一位艺术家岁数大了，身体和心灵都已经经不起折腾，这时候才发现，能够达到平静祥和地生活是一件多么幸福的事。

松阳老师年青之时用“华魂”二字演绎出了自己的爱国情节，可谓是“肝胆耀华魂”；到了中年时，修书院，广收徒，授书艺，可谓是“丹青万古传”。

再有几天就是松阳老师的生日了，手中的笔不知该如何停止，还是用一首诗来作一个小结吧：

你是我的知己，
请你不要远离，
我知道
你在寻找属于自己的那片天地

每个人的生命里
都有轨迹
就像地球自转的规律
千万不要着急

孤独
是寂寞的外衣
每个人与它形影不离
这是成熟的标记

你是我的知己
不是世俗交易
就像水和鱼的关系
总是合而不弃

那一天
我告诉你很多秘密
你说
要永远埋藏在心底

不知道
还能有谁
给我生活中
这样美好的回忆

你是我的知己
有一天
你真的离我而去
谁解我心灵的孤寂

天上的云朵
会化成雨滴
冲刷我泪水的痕迹
请用你的手指帮我划出神奇

你的眼睛
不再是欣赏事物的工具
它已穿透
你我生命的根基

二〇一四年五月一日至七月一日初稿
八月一日至二十日二稿
九月二十六定稿
于北京

● 中国著名书法大师松阳二〇一四年为山东德州书“中国梦”巨作

贺松阳大师八十寿辰

于二〇一四年九月三日

后 记

本书作为编者为贾松阳老师八十寿诞的贺礼，今天得以出版。此书集师徒之情、书法之情、友谊之情于一脉，再现了贾松阳老师的真实生活。

在本书写作过程中，得到了贾松阳、李霞老师及其家人和友人的大力支持。在此一并致以深深谢意！

作者

二〇一四年九月　于北京